在生命深处 与 孩子相遇

中小学教育案例与分析

贾丽静 ◎ 著

安徽师范大学出版社

ANHUI NORMAL UNIVERSITY PRESS

· 芜湖 ·

图书在版编目（CIP）数据

在生命深处，与孩子相遇：中小学教育案例与分析 /贾丽静著. — 芜湖：安徽师范大学出版社，2023.9（2024.8重印）

ISBN 978-7-5676-6459-3

Ⅰ.①在… Ⅱ.①贾… Ⅲ.①中小学教育-案例Ⅳ.①G63

中国国家版本馆 CIP 数据核字（2023）第 199453 号

在生命深处，与孩子相遇：中小学教育案例与分析　　　　贾丽静◎著

责任编辑:潘　安　　　　责任校对:辛新新
装帧设计:王晴晴　　　　责任印制:桑国磊
出版发行:安徽师范大学出版社
　　　　芜湖市北京中路2号安徽师范大学赭山校区
网　　　址:http://www.ahnupress.com/
发 行 部:0553-3883578 5910327 5910310(传真)
印　　刷:苏州市古得堡数码印刷有限公司
版　　次:2023年9月第1版
印　　次:2024年8月第2次印刷
规　　格:700 mm × 1000 mm　　1/16
印　　张:12.25
字　　数:182千字
书　　号:ISBN 978-7-5676-6459-3
定　　价:48.00元

凡发现图书有质量问题,请与我社联系(联系电话:0553-5910315)

前　言

一

一个新的教育时代来临了！这是一个奋进担当的时代，一个心无旁骛的时代，一个全力以赴的时代！你所要具备的就是想干事，然后专注于由此内生动力带来的努力与突破，你必将感受到自己的不断变化、成长和发展，而当你总葆有这样的成长姿态时，你的人生也必将愈发精彩！

在什么位置不重要，重要的是无论在什么位置，你的工作都是优质的、领先的、创新的、充满生机的；你在做什么也不重要，重要的是无论你接受了什么事，这件事必须做成、做好、做优，做出特色，做出品牌；还有，什么时间做也不重要，重要的是你总能统筹规划，合理安排你的时间，让无论多么乱、繁、杂的事，被你一转化，就变得有条不紊、重点突出；当然，你用什么方法做也不重要，重要的是无论面对任何事，你总能做出恰到好处的反应！

这样的你，无论出现在哪里都是受欢迎的。这就是拥有成熟完善的人格的体现。当一个人拥有健全、成熟而完善的人格时，就会自信地行走在工作与生活之间，享受生命的馈赠与喜悦，幸福与美满！这是生而为人的使命，也是一个国家走向繁荣富强的保障。

是的，你是什么样的人，比你做了什么样的事重要得多！那就让我们专注于自身人格成长吧！不断反观、内省与觉察，打破代际传承，破除强迫性重复，有意识地感受自己的移情，看见"内在小孩"，爱他（她），满足他（她），允许他（她），陪伴他（她），让他（她）愿意成长，让他（她）感受生命的神奇！

二

每个学期末，我校都会让全体老师逐一讲述自己最得意的一篇观察案例，以便呈现自己的儿童观和教育观。观察案例前半部分就像一部微电影，将教育的某一场景或某几个相互关联的场景以讲述的方式收入眼帘；后半部分的分析与解读则像特写镜头，一边对准精微处，将其中蕴藏着的教育契机不断放大，一边诠释人物言行背后的心理需求，以此来展示教师自己的教育智慧与魅力。

一位优秀的教师，首先是一位注重自我成长的教师，读书是必不可少的生活方式，在读书中汲取精华、更新观念、开阔视野，不断提高精神境界，扩大内外空间，这样，孩子就可以在其中畅快而自由地奔跑。相反，平时不好好读书的老师，意识总处于混沌状态，对教育契机的把握敏感度不高，错失良机而不自知，还总是抱怨孩子不好、家长有问题。抑或也有敏感度，但却不能够得体地介入，语言行动不给力，教育效果不明显。

观察案例的撰写大约是在干这样一件事：有意识地读书与观察，在读书中发现自我、拓展自我，在观察中配对与转化读书所得，再在分析与解读中实现意识的进化与提升，周而复始，形成自己的教育观和儿童观。

因此，一位老师要想呈现先进的教育观和读书观，绝非一日之功，而要日积月累，久久为功，真正成为一名由内而外懂孩子、支持孩子的人。无论怎样的孩子，只要遇到这样的老师，就是一生的幸运，这样的老师就是名师，就是孩子成长最好的成人环境。

再从细微处着眼，我发现分析儿童的言行举止等是有规律可循的，一定要找到某一类现象的普遍性，以此展现你对儿童的了解，再配对案例中的孩子的关键言行举止和心理活动，不要面面俱到，而是只分析关键点,即有别于普通孩子的举动,或总是发生的举动,或有所改变的举动,等等,不一而论,越细致入微,说明你观察得越细腻,教育契机的把握就会越精准到位。分析自我更是有据可循,对自己最得体的言行进行提炼和升华,对自己留有的遗憾归因并思考,多多使用书中所学,让读过的书在关键时候支持自己,发挥作用。

总之,撰写观察案例是载体,让每一位老师不断地反观自我、重塑自我,迎接崭新的自我,成为内心清明的教育者,这就是最大的意义与价值。

目　录

上　编

中　编

下　编

哭有原因

　　一天，我正在二楼巡课，忽然听到楼下传来一阵撕心裂肺的哭声。我急忙跑下楼，原来，又是那个调皮孩子浩浩，他想从教室后门进去，在门口坐的另一个捣蛋孩子就是不让他进，他使出浑身力气撞门，门纹丝不动。他气急败坏，就扯着嗓子大哭，继续撞门。

　　老师走了出来，我示意她回教室继续上课。我走到浩浩身边，蹲下身，温和地看着他，伸出双臂，他一下子扑到我的怀中，我轻轻拍着他的后背，悄声说："浩浩，我能感觉到你此刻很伤心，也很愤怒，是这样吗？"他哭得更厉害了！我接着说："没关系，想哭就哭一会儿，我陪着你！"他又哭了一会儿，哭声渐渐小了。我拉起他的手，说："我陪你去操场上走走？"他顺从地点点头。就这样，我拉着他的小手，我们漫步在操场上，什么都没说，只是默默走着。我能感觉到小家伙很愿意我用这样的方式陪伴他。走到行政楼前，我问："我们找个地方坐一会儿吧？"他又一次顺从地点点头。

　　在行政楼一楼大厅里，我让他坐在沙发上等我，我到隔壁办公室给他拿来几张餐巾纸，让他把鼻涕、眼泪擦干净。擦完，我问："办公室门后有垃圾筐，你愿意自己去把纸扔掉吗？"他立刻起身，扔完马上回到我身边。我感觉是时候了解刚才发生的事情了，就问道："现在想不想告诉我，刚才发生了什么事？"他说："我出去上厕所了，可回来，他们就把我关在教室门外了，他们是故意的！"说着，又忍不住哭了起来。看着他委屈的样子，我猜想：他很小的时候一定有过被妈妈关在门外的经历，让他以为妈妈不要他了，这让他非常恐惧，好像被抛弃了一般。而刚刚，被堵在教室门外，可能再次触发了他的恐惧，他才大哭不已。想到这儿，我把手搭在他的肩上，回应道："是的，被堵在教室门外，让你有一种被抛弃的感觉，你感到很恐惧，是吗？"他含着泪点点头，那小模样，让你实在无法与他平日调皮捣蛋的样子联系在一起。我继续说道："老师很爱你，小朋友们也很喜欢你，今天，他们只是想和你开个玩笑！他们都欢迎你回到教室呢！一会儿，我送你回教室，进门时，你喊个报告，看看老师和同学到底让不让你进教室，好吗？"他点点头。我接着问："还有什么地方需要我的帮助吗？"他说："没有了！"于是，我牵着他的手，陪他回到教室门口。他大声喊："报告！"里面立刻传来老师的声音："进来！"他走回自己的座位。教室里风平浪静，就像什么都没发生过一样。

案例分析

　　所有情绪中，最先被感受到的也是最有冲击力的，就是惊恐。有些成人在孩子很小的时候，用把孩子关在门外作为惩罚，殊不知，由此造成的被抛弃的创伤，会给孩子带来极大的不安全感。浩浩就是在被同学开玩笑堵在教室外后，幼时创伤被触动，以为自己被集体、被同学、被老师抛弃了，让原本喊个报告这等简单的事，发展成气急败坏大哭撞门，内心里的恐惧和委屈的情绪借由大哭来表达。
　　情绪的发展需要提供相应的环境。这个环境是要允许孩子有情绪，在孩子每次有情绪时，成人能以平静、接纳的状态陪伴孩子，帮助孩子认识自己的情绪,把孩子内心正在发生着的情绪进行配对。情绪被理解、被懂得,就随着哭释放出来,流动走了,同时,也让他混乱不堪难以承受的内心世界得以整合,渐渐清明起来,看到真相。当儿童一次又一次经历爱的陪伴时,才会习得"我是值得被爱的""我是有价值的",自我感、力量感、界限感也随之强大起来,自我就诞生了。

课下,我和班主任沟通了这个过程,邀请班主任老师分享她的感受,她说:"哦,哭的背后原来是幼年的创伤啊!"我说:"是的,懂得儿童,是做好教育的前提。我们只有了解儿童行为背后的心理需求,陪伴他,满足他,才能真正地协助儿童成长!"

不再自虐

五年级戏剧节演出，我正看得津津有味，会计来叫我，说急需签字，我不得不回办公室。这时，班主任老师对我说："校长，我们班有个学生自虐，我实在没办法，让他在您办公室先等着。"

回到办公室，一张熟悉的小脸出现在眼前。这不是那个上课时到处游走的孩子吗？和上次见他有所不同的是，今天他的表情非常拧巴，还用红领巾紧勒着自己的脖子，眉头拧成了疙瘩。

我微笑着说："你好，欢迎你到我办公室！"

他瞥我一眼，不吭声。

我指着沙发对他说："坐吧，孩子！"

他摇头，往鱼缸旁边躲。

见他不愿现在处理问题，我说："我这会儿有事儿，等我处理完手头的事儿，再跟你聊。在这里，你想干什么就干什么。"

我用大约三分钟时间处理完手头的事，示意他来到我身边。

我说："我能感觉到此刻你有点不痛快，还有点委屈，是吗？"

他用眼睛看我，并不回答。

我接着说："孩子，如果委屈，想哭就哭出来。在我眼里，哭不仅不丢人，还是一种勇气。"

我看到，他深吸了一口气，整个人放松了一些。

我将他揽到我身边，问："现在可不可以告诉我，刚才发生了什么事儿？"

他摇头。

我说："你可以选择说，也可以选择不说。这是你的权利。"

阶梯教室，戏剧节演出正在有序进行。我问："你想上去看节目吗？"

他说："不想。"

我说："好的，你在这里很安全，可以一直在这儿待着。想喝水吗？"

他说："不喝。"

我就给自己倒了一杯水，同时，用纸杯给他也倒了一杯，对他说："我给你凉了一杯开水，一会儿如果你口渴了，可以喝。"然后，我就去忙自己的工作了。

等到我再回到办公室，发现他依然在鱼缸边站着，但是表情明显放松了许多。我正常工作，一会儿接电话，一会儿和前来找我的人沟通事情。他就站在我身后一米的位置，对我做什么看得清清楚楚。我毫不掩饰什么，还将一个小方凳放在他身边，说："想坐，可以坐。"

就在我的话音刚落不到10秒，他就坐下了。等了一会儿，见我身边没有其他人，他走到沙发边，端起水杯，一饮而尽。

看来，他觉得我这儿足够安全啦！我趁热打铁，说："我估计，你这会儿肚子饿了吧。我这儿有吃的，要不要吃？"我拿出一袋方便面给他。他拒绝了。我塞到他手里，他送回到我的抽屉中。我没勉强，又开始忙自己的事。其间，我又下了一次楼。

当我又一次回到办公室时，他再次主动和我说话："肚子真饿，但是我能忍到放学。"我趁机将方便面递到他手里。这次，他略显羞涩，但是接住了。我问："知道怎么吃吗？"他说知道。我看到他打开袋子就咬，我就告诉他："我教你一个新吃法。"我拿过袋子，握在手里，告诉他："你就这样使劲握拳，试试。"见他手小握不住，我征求他的意见："我帮你如何？"他点点头。只听"咔嚓"一声，一袋方便面就全碎了。我说："瞧，这是一位同学教我的方便面的吃法！"

于是，他自己坐到沙发上，我又给他倒了杯水，他吃吃，喝喝，看起来很放松，也很开心。吃完后，过了一会儿，他主动过来问我："校长，我可以看你书柜里的书吗？"我说："当然可以，想看哪本，自己拿吧。"他选了《没头脑和不高兴》。半小时之后，他又主动到我身边，说："校长，某某很讨厌，他又不跟我玩了。"我说："需要我帮助吗？"他点点头。我说："他不跟你玩，你可以主动跟他玩呀！就像刚才一样，你不想和我说话，我就主动跟你说话，我还请你喝水，吃东西，我们现在不是可以很愉快地在一起交流吗？你可以试试看。"

这时，放学铃声响了，我问："你要不要放学？"他说："嗯！校长再见。"

下午上课前，我巡视到他们班附近时，看见他和班上的一位同学相互追着玩。看见我，他又一次主动和我打招呼。

案例分析 🔍

当老师告诉我有学生自虐时,我心里一惊,掠过一丝紧张,心想:可千万别出什么事儿!但转念一想:一切等见到孩子再说。看到孩子时,从他拧巴的表情中我知道,那是他混沌又无法将顺的内心向外的投射,他有事情承受不了了。这时候,班主任老师如果能够观照情绪,看到他的内在需求,给孩子一些力量,问题应该就能解决。可是,老师无力解决,将孩子送交校长。可想而知,这个孩子是带着多么巨大的恐惧等候在校长办公室的,不安、恐惧、慌乱笼罩着孩子的心。我需要做的,就是像对其他孩子一样,先帮助他建立安全感,让他放松下来,相信这个世界不完全是他想象的样子。尊重、平等就是对他最好的抚慰,让他放下防御,愿意沟通。我正常地和他说话,不含任何要求。他不愿和我交流时,我不仅没有情绪,还正常工作,孩子的紧张情绪就有机会慢慢放松下来。于是,办公室里的气氛逐渐变得活泼起来,孩子开始信任我,靠近我,主动接近我,并敢于表达自己的需求。我用正确的方式对待了孩子,孩子也正常地和我交流。

曾奇峰老师说:让一个人人格更完善的唯一途径,就是让他有机会获得新的客体经验。作为校长,我需要做的,就是尽可能让陪伴孩子成长的两个最重要的群体——教师和家长,成为懂得他们的人。这件事急不得,任重而道远。我依据现实,做力所能及的事。只要陪伴在孩子身边的成年人越来越有觉知,能够懂得孩子,发现孩子行为及语言背后的内在需求,让孩子一次次被满足、被支持、被呵护、被尊重,那么,孩子的人格一定会逐渐强大起来,从而建立起对世界的信任与爱。

下午,我找到班主任老师,分享了我和这个孩子相处的过程以及我的观察和思考。老师说:"校长,你给我上了珍贵的一课!我知道以后该怎么做了。"我不期待这位老师立刻就有大的转变,但我愿意相信他有能力越做越好。

扯破棉衣

社团活动即将结束，操场上街舞社团的方向传来号啕大哭的声音。一个小男孩就地躺着，身上的棉衣多处被扯破，大声哭喊，撕心裂肺，上气不接下气，仿佛要哭过去。一群孩子在围观，社团老师——一个刚刚走上工作岗位的大男孩，满脸愤怒，蹲在地上，眼里也憋着泪水。小男孩任凭谁拉都不起来，边哭边喊："我要给我爸打电话！我要给我爸打电话！"大男孩胳膊一甩，把自己的手机递过去，愤怒地吼道："给你手机，叫你爸来！"小男孩接住手机，立刻拨通了，泣不成声地向爸爸告状："爸，社团老师打我，社团老师打我……"

可想而知，家长火速向学校跑来。我试图去安抚躺在地上的小男孩，好让他从众目睽睽中走出来，使其与不绝于耳的议论声隔离。然而，小男孩根本不允许任何人靠近，撒泼打滚地喊："我要我爸！我要我爸！"俨然，他现在已经完全进入婴儿的状态。我能感觉到他正在用哭闹逃避自己要面对的那份现实，他现在还无法面对自己、面对他人。我放下尝试，任由他想怎样闹就怎样闹，示意任何人都不要靠近他、安慰他。

他爸爸一到学校，立刻大呼小叫："谁是社团老师？站出来！"看着孩子被撕得不堪入目的棉衣，这位爸爸更是火冒三丈："也不去火车站一片问问我是谁，竟敢欺负我家孩子！"

行政副校长介入，和这位小男孩、"大男孩"老师以及"老男孩"家长共同解决问题，经协商由社团老师赔付小男孩数百元购买棉衣，并将处理结果报告给我。但我觉得这件事绝不是赔付这么简单，我要会会这位爸爸。

坐在我面前的"爸爸"丝毫不会小声讲话，不停地控诉老师，表达他其实多么不在乎这点钱，只是实在难以容忍老师欺负他家孩子。他说的时候，我都安静地听，说完后，就回应他：

"是的，这件事让你很气愤！"

"看到这样的场面，你有这样的想法很正常！"

终于，他似乎有点平静了，我说："我是被你家孩子撕心裂肺的哭声吸引到操场的，当时他的那个样子，像极了一个一两岁的孩子，需要通过撒泼来吸引大人的关注。我能够感觉到这个孩子内心中有极大的恐惧。你觉得孩子在怕什么？"

他爸爸立刻回答："怕我打他！我整天跟他说，你要敢和同学发生矛盾，我打烂你的脸！"

哦，我顿时知道这个孩子怎么了。这是个在恐惧中长大的孩子，每天就活在威胁与恐吓中，而且还是活在与自己最亲的人的威胁与恐吓中。于是我说："哦，任凭谁说什么都无济于事，恐惧完全占据了他的内心，他需要您亲眼看到他的弱小与无辜，才能逃脱有可能面对的这股暴力！您难道不觉得孩子很辛苦吗？我们可否让孩子不用这样辛苦就能够得到关注、得到支持、得到呵护、得到满足，您觉得呢？"这样的话语他之前从未听到过！我看到那个爸爸将我的话听进去了，就接着问："平时您和他妈妈是否经常询问孩子的需求？"

他说："儿子两岁的时候，他妈妈就抛弃了我们爷俩，是我既当爸又当妈，一把屎一把尿，自己一个人把孩子拉扯大的！"听到这里，我更加明白了……

我们的谈话继续着，最后，我和这个爸爸约定，以后尽可能不说威胁孩子的话，并且尽可能多地询问孩子的需求并满足他。

案例分析 🔍

没有问题孩子，只有问题家庭。一个在威胁和恐吓中长大的孩子，每天活在对暴力的恐惧中，想象中的暴力其实比真实的暴力还要大百倍千倍，所以这个孩子要拿出自身的全部能量用于对付害怕，用于博取同情，用于逃避现实。他过往习得的经验告诉他：这样才管用！所以，问题孩子就这样被制造出来了！

而爸爸又何尝不是活在恐惧中呢？离异带来的，除了艰辛，还有极大的愤怒，这些他自身没有意识、无法自知的问题就成了他和孩子的关系模式，让每时每刻的每件事情都流露出这样的感觉和味道，并在孩子身上代际传承。

我想，不着急，一点一点，慢慢来，当这些鲜活的生命走进我的生活中时，这何尝不是一种资源，帮助我进一步看懂人性，看清关系。助人助己，任重道远！

还 钱

临近期末,各个班有序复习,各项工作有序推行。一天,我正忙着手中的工作,突然,一位班主任过来找我,说:"校长,给您说一件事儿,我们班上有一名孩子偷钱!"

我问道:"是偷同学们的钱吗?偷了多少?数额大吗?"

他回答:"不!他是偷老师的钱,已经好多次了!"

从他的口中,我知道了事情的来龙去脉:由于每周三下午,我们学校的老师都会集体研修,这个时候老师的办公室里是没有人的,就给了这位同学一个"机会"。他在一个学期内多次在这个时段,来到老师办公室"偷窃"。

我说:"让这个孩子来我的办公室一趟,我和他聊聊。"

当这个孩子第一次见到我时,我的眼前出现了一张满不在乎的脸,这和其他犯错误的孩子不一样。那些来到我办公室的孩子,眼中往往带着极大的恐惧,他们开启自我防御机制,不愿意和我进行沟通。可这个孩子,一来办公室就非常"不客气":往沙发上一坐,一口饮尽我给他倒的水,吃着我给他拿的零食……

我静静地等他把所有事情做完,待他没有别的动作之后,问他:"我们聊一聊,可以吗?"

他点点头,抬头看向我。我继续说:"我听说,你在老师开会的时候,去拿了部分老师的钱,是这样吗?"

他略带迟疑地点了点头，眼神躲闪。

"那你能不能告诉我，你拿了老师多少钱？"

他报出一个数字，和我从老师那儿得到的数字差了很多。看来，他也害怕金额过大，会引来更大的惩罚。我知道，这样子问下去是没有收获的，于是，决定换一种方式和他沟通。

我走到他面前，温柔地摸摸他的头，对他说："你知道吗？12岁以前的孩子，拿别人的东西都与道德无关，他只是没有搞清楚，那个当下的自己，究竟该做出怎样的选择。我想让你知道的就是，即使我知道了你拿了老师的钱，我也不会认为你是一个坏孩子，或者是一个小偷。我更在意的是，你能否诚实面对自己的行为，勇敢地为自己的错误负责。"

他似乎听进去了我的话，开始思考起来。我趁热打铁："没关系的，知错就改，就是好孩子，你只要勇于承认错误，面对它，改正它，我们大家会不断地帮助你，给你更大的支持与帮助。"

他深吸了一口气，把事情的过程和所有拿钱的位置、数额统统告诉了我。当他说完时，我看到他松了一口气，神态也轻松了不少。

事后，他的家长和学校取得了联系，我们约定，由家长协助孩子，用信封装上钱，在信封中写上"对不起，老师"的字样，班主任老师代替他送回到每一位被他拿走钱的老师手中。我还嘱咐，不可以在班里议论此事。

后来，我在校门口值班的时候，多次见到这个孩子，他都大方而主动地跟我打招呼。

案例分析 🔍

孩子 12 岁之前的行为都与道德无关,对于面对欲望而做出错误选择的孩子而言,能够看明白这一点,不从道德的角度去评判孩子是至关重要的。这些孩子,很多时候,他们并不知道自己的所作所为是对还是错,有的出于好奇,有的为了满足一时之需,有的干脆是在家里欲求不得,只好自己想办法满足自己而已。他们即使犯了错误,也总抱有侥幸心理,想办法一次次地逃避现实。作为孩子成长最重要的成人环境,借助这样的事实对他进行引导,不让他犯过的错误局限孩子未来的成长,更不可以因此让孩子心里留下阴影。

因此,我们要用善意解读孩子,给孩子提供成长的机会和可能性,引领家长习得教育孩子的正确方法,让家校沟通一致而紧密。孩子经由这样的历程,才能形成对自我的正确认知,才能采用合理的方式满足自我,表达需求。

作为老师,我们除了指导孩子学业,更要敏锐地把握孩子的心理变化和反常行为,让这些成长的资源助力孩子全面发展。

生命的活力

　　天寒地冻，为了孩子们有更充分的体能拉练，大课间由自由活动调整为全校学生分区域跑步。听说某班跑步时有两个小朋友让老师很是头疼，我特意对他们进行了观察。嘿，还别说，真是两个特别的小家伙！

　　同学们排着整齐的队伍，在体育老师的哨音下，踏着欢快有力的音乐节拍，有秩序地进行冬季体能跑步拉练。他俩呢，跑着跑着，一会儿上了国旗台，不等你看清楚人影儿，转瞬就回到队伍里；一会儿上了花带，班主任老师刚叫出他们的名字，他们秒回队伍中；一会儿钻进风车书屋，你的眼光还没落定，他们就折返队伍里了；一会儿又跑到走廊上，一个双膝跪地划出好远，动作轻盈矫健，你正担心摔着没，他们又出现在队伍中……每次穿梭时，不是撞到这个，就是碰歪那个，搅得班级队伍一团混乱。他们呢，毫不理会，乐在其中！班主任老师费了好大劲儿，将他俩唤出，让他们站在操场中间看其他小朋友跑，但一个不留神，他们又溜之大吉了。那欢快的身影，红扑扑的小脸蛋，让生命活力自由释放！这是生命没有被禁锢才得以呈现的状态啊！

　　大课间结束，在他们准备回教室时，我叫住了他俩。

　　我蹲下身来，对他俩发出邀请："我想请你俩和我一起做一件事。我们三人共同走一遍大课间的跑步路线，可以吗?"我的友好让他俩先是一愣,你看看我,我看看你,见我毫无批评之意,就点点头。我拉起他们的小手,一边一个,沿着跑步路线行走。被校长手牵手,惹来许多小朋友羡慕的眼光,我感到他俩有点小得意。每当走到特殊地带,我就停下来,指着那里,温和而坚定地说:

"国旗台不属于跑步路线,不可以上!"

"花带不属于跑步路线,不可以进!"

"风车书屋不属于跑步路线,不可以进!"

"走廊不属于跑步路线,不可以上!"

……

走完一圈,我问:"正确的跑步路线你们记住了吗?"他俩点点头。

我接着问:"不能去的地方也知道了?"他俩点点头。

我说:"我相信你们记住了,我们跑一圈试试吧?"他俩欣然同意。

我发出指令,这俩小家伙一溜烟就跑走了,路线完全正确,边跑边打,你推我,我撞你,很快就跑回我面前。

我对他们竖起大拇指,说:"真棒,我只带你们走了一遍,你们就完全记住了跑步路线,一点都没错,我很欣赏你们。但是,我观察到,你俩跑的时候,你推我,我撞你,这是不文明的行为,不可以有!你们愿意再跑一圈,这次我要看看,是不是既能路线正确,还能没有打闹,可以吗?"

他俩异口同声:"好!"

他们又跑了一圈。这次,完全没问题。

我再次蹲下来,看着他俩的眼睛说:"我很欣赏你们能够一起遵守规则!你们愿意让老师和同学们都看到你们遵守规则的样子吗?"

他俩又不约而同地点点头。

我一一拥抱了他们。

上课铃声响起，他俩像两只欢快的小鸟飞回了教室。正好那位班主任从教室出来，准备回办公室，我叫住了她，仔细与她分享了刚才和两位小朋友相处的全过程，并问道："感觉一下，我和你平时跟他们在一起解决问题的方式有什么不一样？"

这位刚入职两个月的新教师着实没想到对待小朋友竟是这样的态度和方式，回应道："校长，您很尊重他们。"

我说："是的。"

"您也没有批评他们。"

我说："是的。"

"您还很欣赏他们。"

我说："是的。每个孩子都需要被尊重，即便犯了错误。不嫌弃，不指责，让他知道正确的是什么，多些耐心，多些关注，适时帮助他们建构规则，他们就会越来越愿意顺从，这才是真正的自律！"

两天后，我特意在操场上再次做了观察，发现两个小男孩和着音乐欢快的节拍，跟着大部队的整体节奏，按照正确的路线参与其中，看到我，还主动和我打招呼呢！

案例分析

孙瑞雪老师说，正常儿童的生命，就像一团燃烧的火，密实而热烈。儿童身体中那团火的能量很强，会推动儿童突然快速奔跑，就像一种生命能量的释放与喷发。这两个小男孩相比较其他小伙伴，生命能量更充沛，需要用奔跑，甚至是变着花样奔跑，让生命的能量得以激发和释放。作为教师，我们需要尽可能给予时间和空间，给予自由，让儿童的生命力尽情释放。

与此同时,我们也要用规则保护每个人的权利。建立规则的前提是爱和自由。我在对两个小男孩没有任何指责和批评的前提下,用邀请拉近我们彼此的距离,用拉手给予他们安全感,用商量让他们感受到我们之间平等的关系,于是,才换来了孩子在规则面前的顺从,以及对规则执行者的顺从。当我们总是用生命价值系统去看见孩子,总是能正确对待他们时,才能让自由成长成为可能。

而对于老师,也是如此,不批评,不指责,亲自示范,帮助其看到儿童行为背后的心理需求,看到生命本来的样子。当老师对儿童充满好奇,对生命更有感觉时,真正的教育才会发生。

不再用拳头解决问题

从开学初到现在，近三周时间，这个大男孩几乎每天都要和同学发生矛盾，每次他都会大打出手，情绪难以自控，局面不可收拾。最后他还是最委屈的那个，哭个不停，又高又壮的身形与大哭不已的样子不匹配。同桌换了一个又一个，现在独居特殊位置——教室最前面的角落。

今早，班主任老师来找我，希望我能跟孩子好好谈谈。老师温和地对他说："强强，老师前三节都有课，让校长和你好好聊聊，可以吗？"他顺从地点点头。我轻轻地抚摸他的头，对他说："哦，强强又受委屈了，我来陪伴你，咱们去我办公室，如何？"他又一次顺从地点点头。

沟通比我想象中要顺利许多。在他描述和同学发生矛盾的过程之后，我说："强强，当你遇到问题时，你首先选择用暴力解决问题。你发现了吗？每次你都会做出这样的选择，这就是你总是与同学发生激烈冲突的原因。"

他抬起眼睛看看我，点了点头。

我接着说："这不是你的错！每个孩子与他人互动的方式都是由父母教会的，也许是你爸爸总是用这种方式对待你，所以，你自然而然就学会了。爸爸是不是经常打你？"

这一次，他和我目光对视，使劲儿地点了点头。

我能感到这句话起到了作用，于是，顺势说道："爸爸是你生命中最重要的人，从他那里，你学会了用暴力解决问题。其实，在你成长的过程中，你还有机会向其他人习得不一样的处理问题的方式，比如张老师，她总是温和地对待你，无论你做了什么，她都不嫌弃你，不放弃你，依然很爱你，是这样吗？"

他眼睛中露出了光芒。

我又说："还有此时此刻，我知道在我面前的你是一位需要帮助的孩子，现在对我来说最重要，于是，就有了此刻我们的沟通。我想告诉你，我一直都很关注你，我希望你每一天都快乐、开心！"

他凝重的表情渐渐放松下来，眉头舒展了许多。

我接着说："我们再回到今天早晨你和同学发生矛盾的事情上来，用暴力解决问题不是唯一的方式，还有更好的方式，我们来探讨一下，如何？"

见到他点头，我立刻说："假如在其中很关键的一个时机，你调整了自己处理问题的方式，不采用暴力，你还能想到的办法是什么？"

他说："最近我的手脱皮了，我很烦，正在看我的手，可小宇偏偏碰了我的手。其实他碰我也不疼，只是我心情不好，于是就踢他一脚，当时，如果我不踢他，而是走开，可能就没事了！"

"是的！是这样的。我能感觉到这一次你一下子抓住了这件事情的关键，巧妙地避免了矛盾的发生。"我回应道。

随后，我们又聊了最让他感到开心的事情以及他感觉最幸福的瞬间，我发现，我面前的他，敏感的外表下包裹的是寻求关注的内心。他其实是在用发生矛盾引起关注，用极端的方式制造早年关系。在聊的过程中，我不断地回应他的内在需求，强调他都没有错，肯定他值得拥有所有美好的事物。

聊天在愉快的氛围中结束，我送他回教室，他开始了新的一天。我相信，这一天，会永久地留在他的记忆中。因为，他的生命中将出现新的可能性。

案例分析 🔍

这是一个在暴力中长大的孩子，之前因为和社团老师发生纠纷，我见过他爸爸。据他爸爸说，孩子两岁时，妈妈抛弃了他们，再无联系。爸爸独自一人把他拉扯大，很不容易，所以，爸爸对孩子要求非常严厉。如果孩子没有按照爸爸的要求做事，爸爸就用暴力恐吓孩子，并且经常见诸行动，对孩子拳脚相加。爸爸最讨厌孩子哭哭啼啼的样子，时常鼓励孩子谁都不要怕，啥事爸爸都能摆平、搞定。

这就是这个孩子的原生家庭，一个总是被粗暴以对的孩子，暴力成了孩子与世界、他人互动的方式。因为在暴力中，孩子保持着对早年关系的忠诚，从而避免自己的存在焦虑。因此，他就一边制造矛盾，保持着和爸爸之间未分化的关系；一边借此寻求老师的关注，满足自己对温情的内在需求。

但是这一切，孩子是不自知的，他不知为何自己天天矛盾不断，麻烦不断；他不知为何自己总是非常愤怒，一触即发；他更不知为何自己总觉得自己特别糟糕，不配活在这个世界上。

这一次，我告诉他：这不是你的错！这句话，让一直左右他人生的"幕后黑手"浮出水面，原来他没有错，他只是在用他从小习得的方式在与外界互动，只是习得的这种方式不够好，而不是他这个人不好。当这样的意识被建立时，如同拨云见日，让孩子看到了生命的光亮。同时，孩子还看到了生命新的可能性，那就是除了暴力以外，人与人之间还可以友善、温和地互动；原来，他也有能力做出新的选择！

探索潜意识，能够让一个人人格更加完善，人际关系更加和谐，生活更加自由。

要停学去看心理医生

五年级童话剧展演现场,某班节目刚刚开场,会场后方传来吆喝声:"难看死了,下去吧——"

这声音与刚刚副校长讲的剧场规则形成鲜明反差,全场空气凝滞了,同学们向声音传出的方向望去,演员们也都愣在舞台上。只见副校长迅速来到发出挑衅声音的学生面前,示意这个孩子先出来。我一边让演员继续演出,一边示意副校长继续跟进该活动,我来陪伴这个特殊的男孩。

男孩顺从地来到我办公室。我邀请他坐下,但是他坚决站着,一副天不怕地不怕的样子,坦诚而大方地告诉我:"今天的事我是蓄谋已久的,我就是想'不鸣则已,一鸣惊人',我的目的就是停课,停学!"

我吃了一惊:哦,这大约就是班主任向我求助的那位男孩!

我问:"你想停学,这让我非常好奇,你愿意告诉我原因吗?"

男孩回答:"我停学,是为了去看心理医生。"

我说:"你能关注到心理健康,这是许多成年人都关注不到的领域,很厉害啊!我支持你!但是,不一定停学才能去看心理医生。我们学校就专门给有需求的学生聘请了心理健康指导师。你知道这件事吗？"

男孩说："知道！您在升旗仪式上还给她发了聘书！"

我说："是的，我发现，你还很关心学校大事！"

男孩说："我就是不想上学。学校太无聊了，老师同学都太无聊了，活着没意思。"

我接着说："我能感觉到你一定经历过一些事情，并且这些事情对你的内心造成了伤害！你想具体说说吗？"

男孩说："校长，我这么跟您说吧！如果把我的内心看作躯体，只有一个词可以形容，那就是'伤痕累累'！"

我问："是谁伤到了你？"

男孩说："我从小生活在暴力的家庭中，我爸不仅暴力对待我，还暴力对待我妈妈！"

男孩接着讲了两个他爸爸暴力对待他和妈妈的画面：一个是他眼睁睁看到爸爸对妈妈大打出手，而且就在他的房间，鲜血一滴滴流在他房间的地板上！另一个是他和爸爸一起去丹尼斯，在出口处，爸爸在公众场合，在众目睽睽之下，扇他的脸！

他的描述让我震惊，同时，更惊叹孩子天然的智慧：知道寻求帮助，而且知道寻求心理医生的帮助！

我说："我能感受到你内心里经受的痛苦，而且感觉到这两件事给你造成了很大的影响！"

男孩马上就说："今年3月2日以前，我一直是爸爸妈妈眼中的乖孩子，那其实不是真正的我。从那天起，我撕掉了戴在脸上的面具，让我身上暴戾的基因开始释放。我给您讲两件事吧！这两件事说大不大，说小也不小！"

一件是他和一位同学发生矛盾，他用彩笔戳同学的脖子，并导致流血；另一件是他路见不平，拔刀相助，结果大打出手，给同学造成伤害。

他其实知道事情的严重性，但是，他不想总控制自己了！他觉得现在的自己才是真实的自己，但是，他又很讨厌自己现在的样子。

在说的过程中，他还面不改色地谈到了自杀。

说实在的，作为一名校长，第一次和学生谈及自杀这个话题，我有点无措。

我试着想要再走近一步，就主动说："你需要我和你的家长谈谈吗？比如，同意你停学，支持你找一名心理医生？"

男孩果断地说："不需要！校长，再见！"

尽管我一再挽留，他头也不回地走了！

我感觉自己很是担心，和自己的情绪待了一会儿后，内心响起一个声音：这个孩子没问题，他有能力自救！但是，我依然觉得自己要为他做点什么，助他一臂之力。于是，请班主任老师约他妈妈到学校，还强调，孩子没犯错误，只是需要妈妈到学校做个沟通。

孩子妈妈很快就到了学校。我大约用了半小时的时间和他妈妈沟通，庆幸的是我和他妈妈达成了共识，支持孩子停学，并且给孩子找一位心理医生。

案例分析 🔍

第一，关于男孩。

1. 青春型分裂症。通过交流，能够感觉到男孩身上呈现出与青春期分裂症相吻合的种种特征。青春期分裂症的概念是：在心理上、思维上出现了非正常的表现，且不会自动消失。主要表现有：(1)个性改变。一是对亲属或同学的态度从热情变得冷淡，例如：他认为周围的人都很无聊，还用"恶心死了"来形容自己的父母，用"我现在看世界上的每个人都像我爸爸那样令人恶心"来描述对外界的眼光；二是从过去的循规蹈矩逐步变得不严格遵守纪律，例如，他动不动就用暴力解决问题，还不止一次在课堂上发飙；三是性格变得反常、孤僻、无故发脾气、执拗、难以接近，例如，他自己描述现在不愿做乖孩子，以及看谁都不顺眼等。(2)言行古怪，出现不可理解的言行或者做出一些出乎周围人意料、不可理解的决定等。例如他蓄谋破坏班级的演出，多次想要自杀。(3)多疑、敌对及困惑感。对周围环境的恐惧、害怕，往往相信日常生活中具有专门针对自己的、特殊意义的处境，因此在日常生活中表现出多疑，对家人及朋友有敌对情绪，并与他们疏远。例如，他认为学校很无聊，老师同学都很无聊，每个人说的话都不可理喻。这些都有待专业人士对他进行专业治疗。

2. 强大的自我功能。"儿童是成人之父！"不得不慨叹心灵千疮百孔的他身上呈现出的强大的求生本能，致使他在潜意识的支配下，在公众场合"一鸣惊人"的举措终于走上了救自己的道路——寻找心理医生。在此之前，他曾多次向班主任和家长表达意愿，都没成功，但他从未放弃，直至终于在校长面前"成功露脸"。

第二，关于自我。

1. 边界清晰。前期我听班主任老师反映过该男孩的表现，并得知其父母不配合的态度，考虑到贸然介入，得不到家长支持，问题会更加糟糕。于是，要选择合适时机。

这一次，我和男孩有了面对面沟通的机会，从男孩毫不掩饰表达自我的状态来看，我给他提供的抱持性环境让他愿意敞开心扉一吐为快，但是，内心深处的不安全感还让他不能长久地让自己处在被尊重的关系里，于是他选择逃离。我尊重了他的选择。

但是，孩子如此大费周折跳到我的面前，正是潜意识想要成长的表达，是对我的召唤，我用心和孩子的内在需求产生共鸣，发现有两点必须尊重和满足：一是停课，二是找一名心理咨询师。于是，我迅速约见了他的妈妈，营造温和、轻松的谈话氛围，真实客观描述孩子的言行，以及背后传递的孩子的内在需求，表明孩子合理的需求值得被尊重和满足的原则，消除停学有可能给孩子带来影响的所有后顾之忧，妈妈终于决定全力配合。

在过程中，我清楚地知道该男孩身上的问题不是我能够解决的，但是要协助他获得拥有的支持。和男孩的谈话可谓"惊心动魄",尤其听到"自杀"字眼时,激活了我的死亡焦虑,我感到害怕、恐惧、担忧、无力……我清晰地感受着这些感觉升起、褪去,并在不断支持孩子的过程中感受到自己内在的稳定和强大。

当然,通过此事的解决,让孩子的生存环境有了转机,由此带来的愉悦感也油然而生,我更进一步明了了我工作的意义与价值——给儿童提供适宜成长的环境,不是哪一个,而是我所服务学校的全部学生。

第三,关于父母。

他妈妈是特殊教育机构的老师,服务对象是问题儿童;爸爸是精神病院的医生,服务对象都有严重心理问题。这两种工作都需要有强大的人格支撑,更需要专业的学习提升。

然而,从孩子的描述来看,他们自身的问题没能很好地解决,还给孩子带来了严重的心理创伤,并且,对此他们是视而不见的,致使孩子存在一定的心理障碍,他们仍选择否认、隔离、选择性忽视等,这恰恰是他们自身问题在孩子身上的投射。

只有家长首先解决自己的问题,孩子才有机会、有可能真正摆脱牢笼,得以新生!我清楚地知道,这只是开始,只有这个家庭每一个人的自我功能是打开的状态,跳出原有的模式,不断成长和改变,孩子才会走上正常的轨道!

解决"网暴"

周三下午6:30,六年级一名班主任来找我反映,有一位家长一定要见我,就在学校门口,情绪十分激动,表示如果见不到校长绝不回家。我来到大门口,在做好防疫检查的前提下,带领她走进校园,进入我的办公室。

据家长反映,她的孩子小艺被班级同学"网暴"了!家长向我展示了部分手机截图。我看到学生们建立的微信群时,顿感事情不简单。我让家长充分表达了诉求,答应亲自解决问题,第一时间给她答复。

第二天,我分别和小艺以及相关学生、老师作了沟通,了解了事情原委。

原来,该班部分学生私下里建立了一个微信群,大约三十人,经常在里面发一些表情包,并借此嘲笑、鄙视、戏弄他人。大概孩子们都觉得这种方式挺好玩,所以习以为常,不以为然。小艺就是其中常常参与这种互动的学生之一。后来,小艺和小轩发生了矛盾,于是,小轩就又建立了一个小微信群,以带有侮辱和攻击小艺的称谓命名,不让小艺进入,在群里发起对小艺的攻击。一些惯常随波逐流的同学随声附和,有一句没一句地煽风点火,就形成了大家共同排挤、厌弃小艺的舆论氛围。其中有同学可能与小艺私交还不错,就将对话截图发给小艺,小艺看到后无比伤心、愤怒、失望,因此有了心理阴影,觉得班级待不下去,同学都不喜欢她。这期间,小艺试着用自己的方式请求老师帮助,但是老师的解决方式并没有实质性地帮到她,所以她始终过不去这道坎儿,就求助了家长。家长更是无法咽下这口气,无比焦虑和担忧,就求助了我。

在我的帮助下,小艺渴望和同学友好相处以及被老师公平对待的诉求得以满足,老师也意识到自己不当的说话方式和操之过急的做事习惯,而事情暴露出来的该班网络暴力的倾向被老师正式纳入管理范围中,后续采用班会课、讨论课以及个别谈话等多种方式对学生的价值观加以引导。我向家长反馈了处理进展,家长表示十分满意。

案例分析

第一,关于孩子。

六年级学生突出的特点之一就是开始出现小团体,并十分在意同伴关系,特别喜欢斗嘴,会在你争我斗中陷入矛盾。同时,他们的心智又没有成熟到足以跳出矛盾解决问题的程度,往往陷入权力斗争中,不惜用各种方式力求占据上风,有时就忘记了立场,忽略了底线。他们这些行为均与道德无关,但却有合适与不合适之分。

看得出,小艺是一个十分有能量的孩子,她的同伴有可能在正面接触她时无法撼动她的位置,就只能用建群攻击或是孤立她的方式以泄私愤,获得一时之快。可想而知,这对一名十一二岁的孩子而言的确是不小的困扰。然而,孩子天然地懂得保护自我,对内在欲求无比忠诚,所以,小艺本能地用一而再、再而三的方式表达不满,引发关注。

然而,从另一个角度来看,小艺看似力争得到老师的公允以对,其背后何尝不是在用自己的洪荒之力帮助一名忽略公正的老师?其行为的实质是在向老师表达喜爱与忠诚。小艺潜意识的这份善意,终于迎来了解决问题的时机,让心中需求得以合理化满足。

第二,关于老师。

对老师而言,精准拿捏事情处理的分寸是成熟的标志,这与教师的人格状态密不可分,需要老师将日常经历视为成长资源,有意识地觉察和练习,人格才会不断完善发展,对生命的敏锐度、感知力都会逐步提高。

该班主任是一名新教师,由于过于想把工作做好,进而在言行上不时会出现用力过猛的现象,如开班会训学生、说话用词不当、对学生缺乏共情等,导致师生关系破坏却不自知。我们推心置腹地交谈,在她每每退行到一个孩子的状态时,我都停下来,陪伴她觉察自我,感受被情绪裹挟下的自卑与无助,失望与无力,感受此时此刻的自己像极了自己几岁的样子。因此,她终于发现一个总处于退行状态下的老师,发现自己就是在用这种方式"勾引"学生照顾她。这件事情的上演就是为了让老师能够回到一个成年人的状态上,要开始对自己无意识的破坏性行为产生觉知。明白了这些真相后,我们的沟通顺畅许多,她开始反思自己的言行,又找到更多有可能伤害到孩子的话语,决定给孩子道歉。

第三,关于自我。

校长在很多时候充当的就是一名心理咨询师。在这件事情中,我对家长诉求的允许与接纳,对孩子的关心与尊重,对孩子内在需求的看见与满足,对老师的引导和转化,对下个阶段孩子同学关系和班级管理的建议,以及亲子关系如何更和谐温馨,都在对话中自然生成。遇到沟通不畅的时候,我自然地以平静而温和的态度面对当事人,没有更多的情绪,而是更充分地理解与允许,对问题更精准地捕捉与深入。于是我发现,与我相遇的,就总是接纳与顺从。

大拇指代表"顶呱呱"

　　操场上传来撕心裂肺的哭声！正在四楼巡课的我，闻声下楼，只见军军小朋友在游戏区把一个东西扔到了围墙外。班主任老师也闻声赶来，我问她："你看清楚他把什么扔了吗？"老师说："鞋子！校长，昨天他就把自己一只鞋子扔了，到现在都没找到！"我示意军军过来，对他说："军军，你是不是心里不高兴，所以就把鞋子扔了？"听了我的话，他立刻返回围墙处，把脚上另一只鞋子脱掉，使劲再次扔了过去。这时，他的妈妈赶到了学校，老师描述了鞋子的位置，让妈妈先去隔壁家属院把鞋子找回来，再来接他。军军若无其事地去游戏区继续玩耍。

　　班主任老师都去上课了，我远远地看着他，他可以自如地爬杆。看了一会儿，我召唤他过来，试着和他沟通："军军，我看你玩爬杆特别在行，很棒啊！"他瞟我一眼，接着玩儿。

　　我试探着说："我看到你没有穿鞋，这样，脚下滑，容易摔着，我们等妈妈把鞋子送来再玩，可以吗？"没想到，他立刻躺在地上，说："我就是不穿鞋！"一边说着，一边把大拇指放在嘴里不停地吮吸。

　　我对他说："军军，伸出来的大拇指代表顶呱呱，塞进嘴里的大拇指代表'小婴儿'，你要做'顶呱呱'还是小婴儿？"

他先是停了一两秒，接着撒泼打滚，蹬腿大哭，边哭边脱裤子，袜子也脱掉了。

我一看，知道这是他一贯的伎俩，坚定地说："你已经是一名小学生了，在学校里不可以随便哭闹，更不能不穿裤子！一分钟之内要穿上裤子，否则，明天不可以来上学！"

这时，他偷瞄我一眼，接着闹。我再次确定地说："我是校长，说话算数，如果不穿裤子，明天不可以来上学！"

他立刻停止了哭闹，折身坐了起来。我见机鼓励他说："我很高兴你能听懂我说的话，我也相信，一分钟内你一定能够能把裤子穿好！来吧，需要帮助时，我会帮你的！"

就这样，他很快就把裤子、袜子都穿上了！我拉起他的手，对他说："走，跟我去办公室，我要奖励你。"

他很愉快地来到我的办公室，一进来就到沙发上蹦，又躺在沙发上，然后随便乱摸，我都温和地告诉他，什么可以，什么不可以。渐渐地，在我的引导下，他安静下来，开始坐在沙发上看小鱼。

后来，副校长来找我汇报工作，我示意他我们要谈工作，他可以做想做的事，不打扰我们即可。我看到，他一直安安静静坐在那里看小鱼。这时，我给门岗打了个电话，让他妈妈找到鞋子后来我办公室。

一会儿，她妈妈来了。我当面赞赏了他，并掏出两支棒棒糖，一支奖励他及时穿上裤子，一支奖励他安静地坐在办公室沙发上，没有打扰我工作。

他妈妈没有想到孩子竟然会有这样的表现，特别感动！我跟她妈妈做了两项约定：

一是大拇指代表"顶呱呱"，以后请帮助孩子建构这样的认知，每当他把大拇指放进嘴里吮吸的时候，告诉他，伸出来的大拇指代表"顶呱呱"，放进嘴里的代表"小婴儿"，你要当"顶呱呱"还是"小婴儿"呢？从而帮助他摆脱对"大拇指"的依赖。

二是凡事先和孩子约定，约定好后必须执行，即便哭闹，也不可以。

她妈妈爽快地答应了！在离开我的办公室之前，军军在妈妈的提醒下，很有礼貌地对我说："谢谢贾校长！"

就这样，第一次近距离与这个"问题"孩子的接触在轻松的氛围中结束。事后，我抽出时间将整个过程和班主任老师作了沟通，让她能够在我和家长约定好的两方面着力，做好观察、回应和配合。

我知道，未来还会有很多问题在等待着军军、他的家长和老师一起面对，但那又有什么呢？我相信，当我们能够坚定地做到不含敌意的坚决和不含诱惑的深情时，每一个孩子都可以更顺利地成长。

案例分析 🔍

第一，关于孩子。

这个孩子一天里的大部分时间，都会旁若无人地将大拇指放进嘴里吮吸。显然，没能在关键时期建立安全的依恋关系，因此，就会在任意感到烦躁、不满、不适、无聊的时候用吮吸拇指来寻求自我安慰，用大哭大闹来掌控世界。

在我与他沟通的过程中，我发现他其实是可以正常交流的，说明他具备这个年龄段孩子的心智特点，只是没有被及时强化、认同、鼓励，所以，该年龄段孩子应具备的正向行为和习惯都没有稳固建构。

他需要被正确对待，即在他需要的时候，成人能够洞察所需，及时给予，满足需求。当一个孩子总是被及时满足，而不是需要通过哭闹的方式才能达成所愿时，他就会放弃哭闹这种单一的方式，去感受不拘一格的力量所带来的多彩生活,他就会自动拿出更多精力去探索外在世界,享受成长的快乐。

因此,我抓住他总是吮吸大拇指这一行为帮助他重新建立和拇指之间的关系,用"顶呱呱"对伸出的大拇指进行了新的解读,用"小婴儿"对吮吸拇指的行为进行了新的命名,并让班主任、家长都用共同话语体系来帮助孩子重构认知。

我发现这样的话语对他是有意义的,他会安静下来,停止吮吸,重新认识大拇指,意识范围得以扩展。相信假以时日,他可以摆脱对拇指的依赖,更自由地生活和学习。

第二,关于老师。

老师能够第一时间出现在孩子左右,对孩子的情况了如指掌,面对孩子的哭闹,不指责,不抱怨,而是平和接纳,温和以待,看得出老师对这个孩子非常了解,对其进行特殊关照;而家长能及时赶到,更说明老师和家长前期的沟通充分、通畅,双方正在合力支持孩子的成长。

但老师仍缺乏对孩子内在需求的洞察与回应,契机意识还有待进一步练习,我将自己的发现以及解决问题的方式和老师做了分享,言语中丝毫没有对他们的指责。当老师习得了无条件爱的体验时,老师就会自然地将这部分感受传递给更多的孩子。

第三,关于家长。

显然,这是一个没有能够给到孩子正确抚养的妈妈。能够想象她每一天都活在无奈、焦虑和担惊受怕中,她有多么渴望自己的孩子能够像正常儿童一样学习生活,就会多么恐惧接到来自老师的电话,更会在每次接孩子回家时充满对老师、对学校的内疚。

这样一种内在情绪世界成了孩子的外在环境,某种程度上说,是非正常状态,孩子怎么可能在这样的环境中正常发展呢! 因此,更可想而知,要到校长办公室接孩子,会带给她多么深的担忧和恐惧!

然而,我没有任何的指责和抱怨,更没有丝毫不想让孩子留在学校的言语,而是给她方向的指引和方法的指导,给她抓手,让她亲眼见证用这样的方式对待孩子所呈现的效果,她就顺从地接纳了我的建议,愿意尝试用新的方式对待孩子。只有当她完成这样一份转变时,相信孩子的转变指日可待。

第四,关于自我。

作为校长,面对问题儿童,先让老师自行面对,有困难时,我再出手相助。

这个特殊孩子总是哭闹的问题历经两周时间依然没能解决,是时候需要我亲自和孩子交流一下,来感受孩子的真实状态,做出初步研判。

经过交流,我适时把握了三个时机:

一是用坚定的口吻帮助孩子明确规则,真正把他当作一名正常的一年级学生来对待。

二是在孩子做出努力,正常交流时及时肯定,让他感受到"我是可以的""我很棒"的内在力量。

三是在他妈妈面前具体表扬了他的进步,给他和妈妈信心和支持。从始至终都发自内心的关切与爱护,信任与支持,这让我们之间的沟通毫无障碍,教育也就随之发生了。

对于任何一个孩子而言,你怎么对待他,他将来就会怎么对待这个世界。所以,让我们无条件接纳和爱护每一个生命,走进生命深处,给他们需要的支持与尊重,创造教育契机,帮助每一个生命茁壮成长。

吃零食的背后

　　每次路过学校西边的小卖部，总是能瞥见门前徘徊着许多学生，或站，或坐，三三两两，三五成群，边吃边聊，乐在其中。我生怕打扰他们自由享受的时光，总是加快脚步，目不斜视。

　　有一次中午外出办事，出门时大约是12:30，正是家里吃午饭的时间，但是一个高高胖胖、邋里邋遢的男孩已经坐在小卖部门口的台阶上吃零食了。

　　我很好奇，就问他："中午不回家吗？"

　　他迅速回答："今天我家没人，妈妈让我中午自己吃饭。"

　　"吃零食没有营养，你可以去隔壁饭店吃点有营养的东西。"

　　他没吱声，我急着办事，匆匆离开。

　　另一次，上课铃声响了，这个男孩才疾步跑向校园，被我拦下。

　　"我发现你几乎整个中午都在小卖部门口坐着，一直在吃零食。你中午都不回家吃饭吗？"我问道。

　　"吃饭，没吃饱！"

　　"我需要和你谈一谈，邀请你去我办公室吧！"

　　"我能不能不去？"

"不行，因为你遇到了问题，但自己没发现，我观察到了，需要和你核实一下。你别担心，我们的谈话不会让任何人知道。"

他极不情愿地来到我的办公室。

通过谈话，我得知，他每天能够从爷爷那里得到一点零花钱，零花钱全部用于买零食，只有吃零食时他才能得到满足，其他领域他一律没有兴趣。

我跟他商量："我可以跟你妈妈谈谈，让她多带你去超市，买你喜欢吃的正规厂家的零食。你在家想怎么吃就怎么吃，但不可以带到学校，不要再买三无食品，能做到吗？"

他毫不犹豫地回答："不能！"

我又表达了我的意思：不是不让吃，只是不要再吃这些"三无"食品了。

他仍坚定地告诉我："我做不到！"

那一刻，我意识到，即使我是校长，我也无法强行让一个孩子不吃零食。

于是，我妥协了，跟他商量："我想和你妈妈谈谈，可以吗？我保证她不会因此而训斥你。"

他同意了！

当晚我让班主任去孩子家里进行家访，了解家庭情况，并力争和家长取得一致性沟通，让家长经常带领孩子到超市买孩子爱吃的零食，只要不影响正常吃饭，想吃多少吃多少。先尝试一段时间，看看孩子有什么变化。

第二天，我收到了老师转发给我的家长的信息，家长没想到校长竟然会如此重视他的孩子吃零食的小事，表示以后一定多陪伴孩子，多满足孩子。

案例分析 🔍

第一，关于孩子。

这是一个四年级的孩子，从外表来看，这个孩子又胖又邋遢，一看就是没有被精心对待、长期被忽略，对自己的体形、身材、衣着、习惯都不自知，是处于无意识状态的孩子。

他对一切都无感，只有"零食"，而且是要到小卖部"买零食吃"。可见，他不是生理层面的饥饿，而是情感层面的忽视，在他总觉得"没吃饱"、总害怕"饿"的背后，其实是对呵护、关爱、悉心照料的渴求。这样的渴求，长期都不被看见、不被满足，但唯独在他用自己的零花钱给自己买到喜欢吃的东西这一过程中可以体验到满足感，以此来填补自己长期被忽略而不被重视的心理需求。

"零食"就是他象征层面的"奶水"，因此，当他感觉到旁人要强行给他"断奶"时，他就像一个婴儿一样，决不允许。

而当老师家访时传递的不是"断奶"，而是邀请家长更精心地照料他、对待他、满足他，那一刻，他终于被看见，得到了满足。

第二，关于自己。

有的人，一生总是在弥补童年的缺失。童年的需求长期得不到满足的孩子，长大后内心都有个填不满的黑洞。多少人因为童年的缺憾，终其一生都在报复性补偿。当我发现这个孩子对"零食"非同一般地热爱时，我就知道"所有的用力过猛"背后都有问题。

家长是在陪伴孩子成长过程中才习得如何做父母的。我以让班主任家访的形式，表达出我对他们这个家庭"小事"的重视，这本身就足以颠覆他们原本对于校长的固着印象，让"悉心照料"与"多多陪伴"成为一件有意识的事。在整个过程中，我始终葆有对儿童的好奇与尊重，对家庭的理解与支持，不评判，不指责，而是给出应有的指导与关注。

一次教育一定无法根本解决问题，但我相信，只要我们不放弃任何一个孩子，积极回应他们的内在需求，一次次关注与支持，成长是迟早的事！

一起品尝巧克力

　　小玉老师来找我，说发现班里西西同学最近不太正常，总是说一些生命没有意义的话，而且晚上睡不好觉，老做噩梦。她觉得孩子的问题很棘手，她无法解决，前来求助。我让她带孩子一起来我办公室。

　　约见的时间过去十分钟了，他们还没有到。我打电话问情况，小玉老师告诉我，孩子走到三楼走廊，突然不愿意来了，她正在动员。我朝三楼走廊走去，孩子一见到我，眼睑低垂。

　　我轻柔地说："我特意来接你们呢！我知道，一听说去校长办公室可能会让你有害怕的感觉，这很正常，不过，等你去了就会发现，没有那么可怕。我经常邀请咱们学校的同学去我办公室聊天，每个去过的人都很开心呢！今天，我让老师全程陪着你，好吗？"

　　孩子这才跟着我来到办公室。只见他双肩紧锁，眼神战战兢兢。我连忙招呼他和老师坐下，从抽屉里拿出三块巧克力，说："这是瑞士莲巧克力，是我吃过的巧克力中最好吃的一种，我先邀请你跟老师一起品尝巧克力吧。"说着，我给他们一人一块，我自己也有一块。他下意识接过后，马上又放回桌子上。我先自己吃了一颗，发出"啧啧"称赞声，然后让老师也尝尝，老师也说好吃。我又将他的那块剥开，递到他手里。他再次迟疑了一下，眼睛望向老师。我连忙说："你是你自己的主人，这块巧克力是我送给你的，你不用经过老师的允许，你可以自己决定要不要吃。"老师也鼓励他尝一尝。他这才将巧克力放进了嘴里，等了片刻，我问道："是不是有一种丝滑的感觉？"他点点头。我又添油加醋地说："是不是觉得这个巧克力的口感特别醇香浓郁？"他再次点了点头。

我看到，孩子慢慢放松下来，眼神不再那么惊恐，开始在我的邀请下，小声地和我对话。我了解到他很喜欢我们学校，喜欢老师，喜欢前段时间学校的读书节活动，喜欢读关于动物的小说，喜欢沈石溪，喜欢主题编程社团，回到家喜欢写完作业后到楼下溜达溜达。我还知道了他的数学非常好，曾经考过班级第一名。我听着，感受着，适时地表达我对他的欣赏。

当听他说最近常常做一个可怕的梦，每天晚上都睡不着，感到生命没有意义时，我说："哦，睡之前会胡思乱想，是这样吗？"他点了点头！

我接着说："我有时候也会睡不着觉，但是后来，我发现一个小秘密，那就是，当我白天做了大量的运动后，晚上就会倒头就睡，还睡得特别香！你也可以试试。你喜欢体育运动吗？"

他摇了摇头。我建议他开始有意识练习达标项目。比如，每天三组一分钟跳绳，每组可以间隔几分钟，争取一组比一组跳得多，这样，等秋季达标运动会时，说不定该班能杀出一匹黑马呢！还有，他喜欢到楼下溜达，我建议他找一个相对安全的区域练练跑步，把速度练起来。这样白天把精力用得很充分，晚上或许倒头就睡了呢！

我能感受到我说的每一句话他都听进去了，就跟老师说:"这周是我们学校的趣味运动会,让西西挑选一个喜欢的项目!"老师立刻对他说:"好的,一会儿回班,我就让你来选项目,好吗?"

不知不觉,一个小时过去了,临走前,我再次表达我这里随时可以为他提供需要的支持,他可以随时来找我。

当天,我还约见了他的监护人——他的奶奶,感受了一下孩子日常和奶奶的互动方式,介绍了青春期男孩身体和心理的变化,需要奶奶做出一些配合。建议奶奶每天主动陪孩子下楼锻炼,来释放他多余的精力;建议给孩子买一台专属的笔记本电脑,来满足他喜欢编程的兴趣爱好;建议奶奶带孩子到心理专业机构做一次评估,看看孩子目前的情况需不需要药物治疗,最好每周做1次心理咨询,让孩子在专业人士指导下健康正常地成长。过程有些费力,但基本达成了共识。

第二天,我让学校心理健康负责人安排专属沙盘师跟进这个孩子,在学校用每周一次沙盘游戏的方式进一步了解孩子,支持孩子。

案例分析

第一,关于孩子。

坚决不去校长办公室?这是早年关系的移情,在孩子心中,校长是"权威"的代言人,听老师说要去校长办公室,激活了孩子早年曾经被权威粗暴对待的创伤,让他陷入想象中的恐惧,且不能自已。我及时出现,打消了这份恐惧,让他有机会了解到不是所有的"权威"都很粗暴,"权威"原来没那么可怕。

不敢吃巧克力?孩子在面对想要尝试的零食时,不能为自己做主,显然是从小被养育者教导所致。如"不能要别人的东西",这样的戒律像枷锁一样锁着孩子的心，让他不敢越"雷池"半步，压抑了情感的需要，甚至压抑了诸多合理的欲求。我告知他，他是自己的主人，这是我送给他的巧克力，他可以不用被他人允许，按照自己的想法去尝试即可，让他有机会接触新零食、新事物，产生新体验，建立新关系，激发新认知，让生活出现新的可能性，让孩子成长有了新契机。

晚上做噩梦？显然，孩子早年有巨大的创伤，为他的成长带来了很大困扰，他无力排解，加上白天残留的没有处理的压力、情绪，伴随着脑海中挥之不去的意象就以梦的方式反复出现。换句话说，孩子总是做同样的噩梦，说明孩子出现了明显的心理问题，他在用自己的症状向养育者和外界表达：我"生病"了，我需要帮助！

第二，关于老师。

当孩子出现异常情况时，老师能感知到自己的力不从心，并第一时间取得校方支持，说明该教师对自我有清晰认知，自我功能能够正常发挥，同时对专业有警觉，有清晰的边界意识，尽责但不盲目，认真且足够得体。

当看到孩子不愿意来校长办公室时，老师没有勉强、没有命令，而是协助、沟通，给孩子基本的安全感。

孩子喜欢学校、喜欢老师、喜欢该老师的课，由此可以感受到老师平日给了孩子应有的陪伴与支持，帮助孩子建立起基本的信任，让孩子的自我没有那么无力和压抑。

在整个谈话过程中，老师一直积极关注，自然回应，进一步呈现出该教师自我稳定成熟的状态。

第三，关于自我。

作为校长，我已经形成了基本的评估意识，每当老师给我反映一些情况时，我都会在接待、谈话、沟通之后，做出初步评估。这是第一个拒绝来见我的孩子，我感受到的不是冒犯，而是无力，他没有勇气和内在力量主动走进我的办公室，他需要帮助。于是，我用亲自迎接的方式，先共情：孩子的害怕是正常的；再告知：来过我办公室的同学非常多，而且人人都很开心，由此打消孩子的担忧。

巧克力是我办公室的常备零食，不是自己吃，而是特意为来办公室做客的孩子而备。我准备的是我最爱吃的、较贵但是口感极佳的品牌巧克力，我深深记得自己在尝到这种巧克力后立即被这独特美味征服的感觉，特别美好，从此记住。我相信，如果孩子在我这里尝到这样的巧克力，一定也会记住，记住的也许不是味道，而是校长把自己最爱吃的东西与他分享的宝贵体验。而这个孩子，记住的或许还有他竟然可以不被他人允许，以及他才是自己的主人的感受。

当听到孩子说生命没有意义时，我用合理化的方式赋予孩子睡前胡思乱想以正常人都有的解释，以此来缓解孩子的焦虑和紧张，解读这种现象的出现，说明我们白天的精力有剩余，晚上就以梦的方式呈现了，引导孩子白天可以多进行身体锻炼，释放多余的精力，缓解压力，强身健体，提高达标成绩。这样的引导也许不能奏效，但至少让孩子对自己总是做梦多了一种理解、多了一种诠释，让成长多了一份可能性。

我知道，仅靠孩子个人，不足以支撑他建构新的意识与习惯，养育者意识的提升与转化才是关键所在，就第一时间和奶奶取得联系并达成一致性沟通，争分夺秒来改变孩子的生存环境。这样与时间赛跑，其实是我对孩子波涛汹涌的内在的回应，他用自己的症状——退行、压抑、自我攻击等种种方式在奋力表达，我们唯有刻不容缓，助力他从"水火"的挣扎中走出。

我知道，这仅仅是开始。衷心期待有更多的人都能够以正确的方式对待这个孩子，启动他回归自我，正常成长。

不吐不快

9月14上午11点,此刻的我内心被巨大的愤怒裹挟着。后背从晨起时就有点疼,浑身无力。我知道,昨天发生的事情并未过去,至少身体还没允许。

事情是这样的:

昨天我值班,下午课后服务即将结束,我早早来到大门口疏散拥堵的家长。突然,听到一名家长无比激动地说:"学校保安打人啦,掐我家孩子的脖子,我要打110!"

我立刻走过去说:"我是校长,不用打110,我来给你解决问题。"

家长情绪高涨,什么话都不听,扬言打110是他的权利,就是要打110,让警察来解决。

任凭我再三劝说,家长依然怒火中烧,拨通了110。

我的心底掠过一丝失望,只好由他闹去,继续在大门口值班。

昨天是课后辅导放学地点由大门口调整到东、西接送点的第一天,意味着几百名家长要跟随学校一起做调整。建立一个新秩序,这需要过程,已预知会遇到困难,但还是没想到会遇到如此敌对的家长。

警察来了。家长怒斥了"保安"的"暴力"行为,情绪依然无比激动,仿佛他的孩子受了奇耻大辱,他要拼命维护。

他说完,我跟警察叙述了事情的经过——不是保安,是门卫师傅在大门口做保洁,看到一个孩子没有按照老师的通知要求去该去的接送点,突然从校门口冲出来,直接奔向大马路,门卫师傅每天都在校门口来回巡视,做保洁的同时会给家长和孩子一些提醒与帮助,所以他本能地伸出手去拦孩子。这一幕恰恰被家长看到了,他误认为门卫师傅在掐孩子脖子。

家长听我这样说,立刻不愿意了,说:"你的意思是,你的工作人员不是故意的,就可以掐孩子脖子了? 来,你把你的话再说一遍,我给你录下来!"说着,就掏出手机,开始录像。

我一把挡过去,他的手机掉在了地上。于是,他像抓住了救命稻草一样,打算撒泼打滚,大肆宣扬。

警察不愿意了,说:"校长这是正当防卫,我们警察在此,你竟敢不经我们允许私自录像,你也太目中无人了吧!"

这时,这名家长嚣张的气焰才稍有缓和,然后依然咄咄逼人:"你的工作人员不管什么原因都不可以暴力对待我们孩子,我要看监控录像!"

这时孩子妈妈也来了,原想孩子妈妈如果能够沟通,我们说清楚就可以了,没想到妈妈和爸爸都坚持要查看监控。

在警察的监督下,我们查看了监控。警察看完,负责任地对他们说:"我们不认为门卫师傅维持正常秩序的行为是暴力,不能这样认定。学校调整接送点,属于正常工作,门卫师傅今后在方式方法上再作完善即可。"

对于警察的处理结果,我们双方都签了字。然而,警察走了,家长还不走,还在对今天的事情纠缠不清,要继续到上级部门反映,不信讨不到一个说法。

我失望至极,想不明白家长竟与学校如此这般,我想不明白他的怒火从何而来，感到有点悲哀，也有点悲凉。但是，现实我还得面对，虽然我不怕他去上告，但是我怕麻烦啊，上级行政部门一定责令我要和家长解决问题，并且直到家长满意为止。我何不当下再费点功夫就地解决呢！于是，我邀请他们进到学校，坐进办公室，平心静气地解决此事。

我让爸爸说出他的诉求。他说："第一，让门卫杨师傅向他孩子道歉；第二，对于我将他手机碰到地上的事，要讨个说法。"

我的心在滴泪，真的，毫不夸张！家长无理至极，竟然还能堂而皇之要求门卫师傅向他的孩子道歉。

我想了想，说："这样好吗？让门卫师傅道歉是你的诉求，我们问问孩子，他才是这件事情的当事人，我们听听孩子的理解和看法。"

孩子进来了，看了爸爸一眼，怯生生地说："那就让爷爷给我道个歉吧，其他啥也不要。"

我们最尊敬的门卫杨师傅，每一天都早早起床将校园打扫得一尘不染的杨师傅，每天孩子们上学、放学时都在默默维持环境和秩序的杨师傅，每天跑东跑西为家长递送东西的杨师傅，深深地鞠躬说："对不起！"我的眼泪夺眶而出。

直到现在，想起那一刻，我的眼里还是含着泪水。学校以卑微的态度，任凭家长胡闹折腾。除了息事宁人，我别无选择。

断断续续完成这篇文章，现在已是下午！后背的疼痛感消失了，也不用再长长地舒气了，心头压着的东西消散开去！经历这样一个交付书面的历程，终于允许这件事翻篇了！

案例分析 🔍

第一，关于自我。

1. 情绪。从亮明校长身份竟被无视的愤怒，到想要用平和的态度解决问题再次被无视的失望，再到体会家长对学校误会之深的悲哀，最后是不得不进行道歉以息事宁人的压抑，情绪真实地记录着事情的发生与进展，让我清晰地看见自己每一个情绪背后的"观念"。这些观念被看见并尊重，就会产生舒缓的感觉。然而这个下午，每一个内在需求都被忽视、无视或漠视，因而我就在情绪的跌宕起伏中挣扎。透过这些，我看见了一个权威自居的我，我允许有时候的自己可以是这个样子的，但同时也看到了一个不把权威放在眼里的"爸爸"；我看见了我有和平解决问题的需求，但也看见了自己的这一需求被无情践踏；我看到了我已然形成的尊老爱幼的价值观，但却不能要求人人和我一样尊老爱幼……突然，我发现自己对世界的接纳空间竟然大了一些，边界在不断向外扩展，少了抱怨，多了坚定，相信远方，执着前行。

2. 身体。身体知道答案，头一天情绪的问题以压抑告终，并未解决，次日，身体就用背痛、无力感和长长舒气来提醒我要进一步解决问题。家长暴怒背后所承载的社会问题、民生问题等都不是我凭一己之力所能解决的，愤怒、无奈、悲哀、压抑都是不愿面对、不肯承认的状态，而在我撰写观察案例的过程中，我一点点看清事物的本质，将堵在心头的"梗"交付纸面，这是一个允许的过程，允许心门打开，身体的不适缓解。慈悲心、包容心得以升华和扩展，内在的力量渐渐回归并壮大。

第二，关于家长。

1. 关于"爸爸"。首先，他过分放大他人对孩子的伤害。其次，他和孩子的边界不清，使得他将自己潜意识里被迫害的恐惧投射给孩子，因此，即便人证、物证都指向孩子没有被伤害，他依然表现出不达目的决不罢休的样子。最后，他无法区分生活与工作，而是将职业角色过度作用在生活中，投射出他的早年关系。

2. 关于妈妈。和爱人之间的未分化、迎合、没有自我都外显在她的言行中，面对丈夫的偏执，不仅不能温和而中正，反而让偏颇进一步发生，形成闹剧。这样的父母培养出来的当然是没有自我的孩子，所以，孩子在室外还敢承认门卫爷爷没有伤害他，面对父母时就成了"那就让爷爷给我道歉吧"，其软弱、混沌，就是妈妈和爸爸共同创造的。

家庭教育是一个孩子成长的重要环境，我们继续负重前行。

爱和尊重是习得的

一年级某班有一名学生,据老师反映,经常打扰别人,和小朋友发生矛盾。前两天,因为课间打闹,伤了小朋友的脸,被对方家长在班级群要求其家长加强管教。其爸爸为了息事宁人,第一时间登门道歉。但是,家长道歉后心有不甘,非常不愿意相信是自己儿子之责,次日便到学校要求查看监控,态度强硬而不友善。老师这才反映到学校,表达了曾经和该家长不愉快的沟通经历,以及畏难情绪,想寻求学校的帮助。

校级考试当天,我约见了这位家长,并请一位班主任全程参加。

一进我办公室,家长直接亮明态度:"我别的不需要,只想看监控,看看我儿子到底有没有伤害同学的行为。"

我问:"如果你看到有伤害,你打算怎么做?"

家长说:"罚跪!"

我问:"跪多久?"

家长说:"一个小时。"

我问:"你小时候被罚跪过吗?"

家长说:"跪过,跪得站都站不起来,从此就记住了那件事,再也不敢了!"

我说:"你并不是真正认识到那件事情为什么不可以

做，而是因为怕被罚跪而不敢做，是这样吗?"

家长说："是的!"

我说："所以，当年的问题并没有真正解决，你说呢?"

他点了点头。

就这样，我耐心而温和地和他逐一核实、澄清了他惯常对待孩子的方式方法带给孩子的影响，让他认识到孩子之所以在学校里总打扰他人，其实是内心渴望建立关系的表达。

渐渐地，我看到家长紧绷的状态稍稍放松了，说话语气不那么生硬了。家长还回应说："我明白了，要尊重孩子，你怎么尊重他，他就会怎么尊重别人!"

我连忙说："您说得太好了。人与人之间的良好关系就是这样建立的。"

我一遍遍不厌其烦地将家长从他的模式中拉回到我们谈话的主题中，让家长感受到我始终如一的友善与尊重。

最后，家长略显激动地说："我有三个孩子，我从没有见过一个校长像您这样，会因为这点小事，这么耐心地和家长谈话，您让我看到什么是真正的尊重，我愿意回去后用这样的方式对待我自己的孩子! 将来，我的孩子明显进步，我一定给您送一面大锦旗!"

我说："锦旗就不用了。让每一个孩子都更好地成长是我义不容辞的责任。您和孩子都值得我们这样做!"

谈话在愉快的氛围中结束了。我看到，老师脸上也露出了放松的、愉悦的表情。这一天，我都被这种喜悦的力量包裹着，我知道，是这位意识提升的父亲带给我的，我也知道，有一个孩子将开始被友善对待。

案例分析 🔍

安长喜老师说,在养育的关系里,儿童无条件地接纳自己的爸爸妈妈和照顾他们的人,甚至以牺牲自己的成长为代价而忠诚于自己的爸爸、妈妈,忠诚于他们的养育环境。儿童以此来唤醒养育者爱的意识,也以此方式来敦促养育者意识的进化和成长。

在这个案例中,曾经被暴力对待的爸爸习得了"用暴力解决问题"的教养方式,并将这个"传家宝"传给了孩子。然而,对此,家长并不自知。儿子暴力对待同学的事件就成了唤醒爸爸意识的契机,爸爸因此有了探索自我的可能。我在和爸爸接触的过程中,始终保持对他的理解和尊重,不评判、不指责,不居高临下,有的就是平等交流和对话。于是,爸爸内心深处的爱被唤醒,他内在渴望被尊重的需求得以满足,他开始对如何更科学地解决问题有了思考,他开始启动新的自我功能,开始接纳和转变。

家校携手,用爱的语言和行为让儿童感受到爱与尊重,那么,将来,这个孩子就会用爱来回报他人,回报社会,回报国家。

对自恋的再度觉察

    航航，七岁，我校一年级学生，自入校以来，没有一节课是坐在自己座位上的，而是在班里到处游走。该班老师对航航非常爱护，孩子们对他也足够包容，他在课堂上很自由，可以下座位，只要不打扰他人，不打扰课堂，听不听课都可以，出入教室也可以。然而，一年下来，让他做到不打扰根本不可能，他总是无法自控，到处游走，随意打扰其他小朋友，打人时没轻没重，约定好的事情说过就忘，故意捣乱，大家越关注他，他就越兴奋……

    作为校长，不放弃每一个孩子是天职，心怀善意是本分，而我更是一贯认为，只要我们对孩子足够好，他（她）一定会改变。在学期中，老师多次向我反映航航的问题，甚至把航航是如何打扰课堂和打小朋友的视频给我看，我都选择"孺子可教"，要像对待其他小朋友一样解决问题。我打心底坚信：学校提供的环境一定会促使航航转变。我也真的看到了航航的些许变化：获得奖励卡片的喜悦，扮演一棵树的兴奋，减少了上课下座位的次数，减少了与小朋友发生激烈冲突的次数，等等。我自恋地认为，航航遇到我们学校，因而可能过上了较幸福的童年。然而，事实是：该班和师生依然被其严重地打扰着，两位班主任都因此产生严重的挫败感，甚至想放弃自己的工作；四名小朋友已经转学，还有几名小朋友每天回家都在向家长倾诉因航航带来的烦恼。家长也因此认为校长无力解决这个问题,于是,用接连投诉的方式"逼迫"学校立即拿出行动,解决问题。

后来,我约见了该班七名家长代表。他们用一封联名书向学校表达了诉求。说实在的,看完内容,我很感动,家长非常友善,理智面对此事,建议航航休学,由其家长带孩子看病,病看好了欢迎孩子回班! 其中,只有一名家长依然喋喋不休,在"受害者"状态中无法自拔,要求航航不可以和她的孩子一个班。话一出口,其他家长都给予制止。

最后,我代表学校表态:

一、问题孩子也是孩子,都有平等接受义务教育的权利,我们任何人都无权剥夺。该生属于我校招生片区内适龄儿童,学校无条件接收并有义务对该生进行教育。教育需要时间,我们学校给该生一年的适应期。

二、专业机构鉴定,该生属智力残疾。我校经由一年的教育、观察和与其家庭的多次沟通,初步评估,航航目前不适合正常学校教育,已经对同班同学身心健康造成干扰。学校于学期末向航航家长建议,孩子应该到特殊学校继续接受义务教育,家长表示认可。

三、如果有一天,孩子各方面恢复正常,经权威部门鉴定后,我们可以接受航航转回我校。

家长们对学校的解决非常满意!

案例分析 🔍

第一,关于孩子。

1. 神游。这是一个非正常儿童,巨大的幼年创伤(事关隐私,不再展开)所造成的影响是他无力抵御的,糟糕的家庭环境更是孩子无从选择的，这一切，形成了他空虚、混乱的内在世界，让他不能控制，常常处于幻想的世界中，以致总是游走在课堂里。

2. 侵犯者。航航生活在极度缺爱的状态下，他总是不能被很好地对待和满足，相反，家长随意对他训斥、打骂，这种"糟糕"的关系就成为他的行为模式，让这个无助而受伤的孩子成为侵犯者。换句话说，家人怎样伤害他，他就会怎样伤害他人。每当他在学校有严重侵犯行为时，一定是他又被暴力对待了。

3. 多动。当老师、同学、校长给予他无条件关注时，他能够呈现片刻美好。但是，外界的风吹草动随时会动摇他的注意力，这些都源于他没有建立起内在的力量。内在力量的源泉就是拥有稳定的爱的关系，而这恰恰是这个孩子最匮乏的，是他自己无力解决的部分，更是老师无力替代的部分。

综上所述，这就是一种心理疾病，需要专业机构进行专业诊断。航航已经被诊断为智力残疾，就需要接受特殊教育。或许，在特殊教育的天地里，孩子反而拥有了快乐和自由。

第二，关于自我。

我足足用一年的时间，才接纳了"特殊儿童需要特殊教育"这一现实。我把这件事告诉我的咨询师，她问我："你是不是太好了？"这句话让我有浑身触电的感觉，更像当头一棒一下子敲醒了我！我突然发现，我简直把自己放在"神"一样的位置上，以为自己能够拯救一切，以为只要自己足够努力、足够用心，人、事、物都能尽善尽美。其实，这背后是深深的无力感。我需要的是直面现实，启动智能，统揽全局，合情合理合法合规地在现实中做事情，而非在想象中、在美好的幻影中、在无尽的期待中。我总是能够第一时间做出准确判断，进行合理行动，这才是应有的状态，这才是我想要的人生。这才叫成熟！

关于"嫌弃"

周二上午全员核酸检测,我在全面巡视时看到航航背着书包、噘着小嘴儿站在大门口,看我向他走来,还没等我询问,他就大声告诉我:"校长好!我早晨因为多喝水,吐了一口,老师就把我定义为'呕吐',让家长接我回家,去医院看病!"

我从话音中听出了不满,并对这个让老师头疼不已、散漫自由的调皮鬼儿如此清晰精准的表述而刮目相看。

我问:"你现在有什么不舒服吗?"

"没有。"

"好的,让我看看你体温正常吗?"我给他测了体温,很正常。

我又问:"你需要家长来接你回去休息休息吗?"

"不需要!"

"你做核酸检测了吗?"

"没有。"

于是,我叮嘱他不要乱跑,一会儿让班主任来接他回班级参加核酸检测。

刚到他们班级队伍附近,没等我说什么,班主任就过来告状:"校长,航航家长又不配合我们工作了!今天早晨航航呕吐,我打电话让家长来接,家长不来,说没时间!"

我说："我看到航航了，也了解了情况，你到校门口接他过来参加核酸检测，随后我们再深入谈这件事。"

回归队伍的航航一脸得意，手舞足蹈。

鉴于现场不便交流，我给两位老师分别发了信息，内容如下：

当你开始对航航失望、厌恶、放弃时，你就已经配合这个孩子完成早年关系的强迫性重复——被厌恶、被放弃，进而自暴自弃，自我沦陷。能够拯救这个孩子的是要让他相信，无论他怎么样，老师都是爱他的！他表现好，老师爱他；他表现不好，老师也爱他。他就有可能萌生做更好自己的力量，有可能开始习得自律，开始融入集体。你要相信，没有一个孩子想要被放弃，即便他身上有着很多不足，他依然渴望世界能够对他有一分宽容，那将是他活下去的动力与勇气。对航航更多一点关注吧，从物质到精神，成为他生命中的贵人，引领他感受有爱的生活。

两位老师纷纷回复：会反思自己，并竭尽所能支持航航成长。

后续两周，我经常看到，航航在班级里融入集体的时间更多了，笑容也更多了！见到我，无论在校内还是校外，都会大声叫一声："校长好！"再遇两位老师，我说：孩子的转化不是一蹴而就的，或许明天，他又会出现新的问题，那又怎么样呢？爱他就好！

案例分析 🔍

第一，关于孩子。

孩子内心是澄澈清明的，他对来自老师的厌恶高度敏感，更对老师的嫌弃十分不满，因此在见到校长这个已经很多次为他"撑腰"的人时，他天然地懂得可以依靠,可以借助,不卑不亢,应对自如。当他回归集体时,被尊重、被看见的喜悦借助手舞足蹈的肢体语言表达得淋漓尽致,毫不掩饰,毫不做作,这就是孩子,通透地展示自我,表现自我。

第二,关于老师。

嫌弃是一种推开的力量,带给人被抛弃和厌恶的感受,常常会激活早年创伤,让人陷入"我不够好""我不配得"的念头中,从而自我失望,自我放弃。老师是"90后",小时候,无论父母还是老师都可能不同程度地"嫌弃"她,因此,成年后,就不由自主将自己早年被对待的方式移情到与学生的相处中。看到孩子吐了,激起的不是同情和关切,而是不由分说打电话让家长把孩子接走,由此可见,老师对孩子的"嫌弃"已经见诸行动!然而家长的不配合让老师没能得逞,就想要借助校长,既表达自己"受害者"的委屈,还要让"抛弃"成为事实。老师可能有自己的无奈,但她对该生的放弃,又何尝不是在重复自己早年被对待的方式呢?我的信息让她的"嫌弃"被意识化,老师因此有机会开启对于"嫌弃"的觉察。

第三,关于自我。

给孩子需要的支持与帮助,已经成为我的一种本能,因此,我可以在与人交谈的过程中敏锐地捕捉对方的需求——孩子渴望被接纳'被尊重,老师渴望被支持、被理解。

对于孩子,我看到我如何对待他,他就会如何对待我,他在我面前永远都自动地顺从,特别神奇。这让我更加坚定只有爱孩子才会让他学会爱、习得爱。

面对老师教育行为的不自知,我用文字给她们以提醒,不说教,不评判,不指责,让沟通变得温和灵活。我不重复教师对待孩子的方式,我更不重复教师早年被对待的方式,而是出于他们的内在需求,用恰到好处的方式实现了我们之间的沟通,让深埋于潜意识的"嫌弃"有机会接受"光的洗礼",在反复品味我的文字的同时,从中汲取爱的力量。

管理，从反移情开始

　　前些日子，我遇到好几次给学校老师打电话却没人接的状况，有的还迟迟不回复，这种情况不止一人。这让我感到很不舒服。我试图说服自己，老师不看手机，正常啊！但是，我发现，这样的说法，除了聊以自慰，满足自我合理化的需求之外，心里的不舒服感依然存在。我意识到"不舒服"就是我的反移情，要允许它的到来，不逃避。

　　先说小美老师。

　　我觉得她看到我的未接电话，迟迟不回复，有可能是意识到自己手头尚有未完成的工作，就赋予打电话的人以挑剔她的意义，用不接电话且长时间不回电话投射内在的敌意与攻击。然而，我知道，每一次的敌意投射，最不舒服的人首先是自己，像一个干了坏事的小孩，胆战心惊地关注着投射对象。想到这儿，我突然有种心酸的感觉，对小美老师充满同情。每个人所形成的人际互动方式都是她认为最安全的方式，而一个活在敌意投射里的人该是经历了多少不好的对待，才形成了与世界这样的互动。我长舒一口气，觉得这两天堵在心口的不舒服好像被打散了，化作一阵烟，逐渐褪去。

　　第二天我做了一件事：请小美老师到我办公室，我们一起梳理近期工作，以温和而平等的方式对待这个在领导面前"胆战心惊的小孩"，并询问她有什么需求。我并无半句指责，小美老师渐渐放下了防御，主动向我解释自己为什么没回电话。

我说："你赋予接电话以挑剔你的意义，这就是你既往形成的和领导相处的关系模式，并不是事实。事实是，我有一件事情急需与你沟通而已。"我告诉她，无论什么时候，我打电话，都要接，没接就要第一时间回复，不可以不接电话又不及时回电话。

她听得格外专注，一边听，一边点头，略带羞怯地说："之前我一直害怕和领导打交道，一跟领导说话就紧张。"

我说："没关系，我们可以试试看。"

离开我办公室之前，她认真而坚定地说："校长，以后我可不可以经常向您汇报工作？"

我说："当然可以。"

瞧，和领导打交道，原来并非洪水猛兽。小美老师在与我打交道的过程中有机会体验到新的客体关系，她变得放松而健谈，我们之间的交往也频繁起来。

再说安安老师。

一次假期里，安安不仅我打电话不接不回，而且第二天来到学校也没有第一时间找我，甚至都已经看见我了，还准备溜，这里面"大有文章"。不接电话，投射对我的敌意和不满；不回电话，赋予假期时间"谁说了算"的权力斗争在里面并见诸行动；第二天到学校不来见我，以为已经发生的事情如没发生一样，反射出内心的弱小，故而才要用"逃避"继续延续自己要说了算的内在需求！此刻，我眼前出现一位躲来藏去的小丫头的形象，她偷偷地窥视着我，又躲避着我！然而，我需要每一位老师都能以一个成年人的方式解决问题，胜任工作。于是在她对我视而不见又准备溜之大吉的时候，我叫住了她！

我问："安安，昨天我给你打电话了，你看到了吗？"

她说："昨天出去办事没带电话，直到晚上10：00才回家，因为太晚，所以没回电话。今天，我到学校见您没在办公室……"

我说："你觉得这样解释合适吗？"

她垂下眼帘，脸颊微微泛红。

我接着说："我们都是成年人，让我们用成年人的方式彼此对待，好吗？"

她开始表达歉意。

我说："你知道吗？你这样的状态让我仿佛看到一位躲躲藏藏的小女孩，她不轻松，也不快乐，她甚至比正常工作时还累……"

她眼睛里微微泛着泪光，说："嗯，您描述的躲躲藏藏的小女孩很形象，我也感觉我是这样子的。我也不想这样，但是，我很矛盾！"

我继续说道："总是躲着也不是办法，工作必须由你自己来面对！今天虽然我指出你做这件事的不妥之处，但不表示我认为你这个人不好，我只是认为这件事情不可以，与你这个人无关！"

她的眼泪止不住地往下流……

最后，我说："我知道，这个躲来藏去的小女孩不能代表你的全部。让我看到你成年人的状态，好吗？"

从那天以后，她的状态有明显改观，好像内在的冲突少了一些，更能够投入工作，胜任工作，我们之间相互理解和支持的程度也好了许多。

案例分析 🔍

　　作为管理者，你要对来到面前的每一个人心怀敬畏，仔细捕捉你和他（她）相处的感觉，感受你的反移情，去看见、理解、共情对方，尝试用你认为更舒服的方式与他（她）建立属于你们之间的关系，他（她）就有机会体验到新的客体关系，这时，疗愈就发生了！有幸成为一名校长，我愿和老师们一起，我陪着你，你陪着我，彼此关照，相互看见，一起实现人生更大程度的自由。

关系很重要

近段时间,部分管理人员反映:有些工作不太好往下推。我想"不好推"大约有两种可能:一是来自教师层面的阻抗,让管理遇到阻力;二是来自管理人员自身的阻抗,不想或不相信事情能做成。了解清楚,对症下药,才能药到病除。于是,我在管理群里布置了一项小作业,让每位管理人员回复时私信给我,借此感受他们对待工作的第一反应。

经过观察,我发现,一项工作指示下来,不同的人反应不同。有的人总能中正看待工作,不添加、不缩减,能够按照自己的理解做到最好;有的人添枝加叶,肆意投射,把原本简简单单的事情搞得非常复杂;有些人消极怠工,习惯拖延,最后不得不应付了事。

为什么会这样呢?曾经被良好对待的人,会将早年和父母形成的舒服关系转移到现在的关系中,而曾经没有被良好对待的人,则会将糟糕的关系转移到现在的关系中。比如,在被挑剔中长大的人,会无意识地认为自己会被所有人挑剔;缺乏爱的人,会自动化生出各种想法,认为别人可能不喜欢他;一个缺乏信任的人,会对外界充满怀疑、猜测……现实是早年关系的移情,莫名地焦虑、阻抗、愤怒、担忧等是在重复早年和父母在一起的感觉,是对早年关系的"忠诚",意味着和父母在一起。这就需要我们在与人互动时看明白这一点，识破它，不被勾引，不继续延续这份糟糕的关系。同时，要共情对方，与他建立一份相互信任、有爱、支持的关系，稳定地陪伴左右，不嫌弃、不放弃、不着急，一段时间，当新的关系成为经验时，这个人就会不一样起来。

于是，对于在私信回复我这件事中不能按照要求去做的管理人员，我逐一做了一对一交流。首先，听取他看到作业自己如何对待的全过程，做到不评判、不插话。其次，让自己成为一面镜子呈现他的客体关系模式。最后，让他感受自己是如何将与自己的关系投射在工作关系中时，感受自己的人格状态。

安安说："您不说，我从来没发现自己是这样对待和加工'任务'的。"

乐乐说："我把自己的焦虑投射在工作上，以为老师们都会不接纳这件事。这是我工作无法有力推动的真正原因。"

文文说："我自己怎么干都行，但是让我带着很多人干就不行了。这下我知道是怎么回事了。"

······

我发现，这样的沟通有力地提升了管理层的自我觉察意识，并让我们的关系又进了一步，他（她）更愿意做事情、做好事情。我知道这样的工作还需持续很久，才能建立起我们之间的稳定而舒服的关系。

案例分析 🔍

人格就是你对人、事的第一反应，现实关系是早年关系在现在的移情。在一定意义上，校长是管理层和老师们象征意义上的"父母"，所以，大家对我的全部感觉，部分不是由我带去的，而是他（她）将自己对

"内在父母"的看法投射在我身上。我通过反移情,知道他(她)怎么了。而我对他的感觉,由两部分组成:一部分是我的移情,另一部分是反移情。移情的部分,需要我觉察,尽可能减少负面投射,进而让我们处在较为舒服的关系中。而反移情的部分,是帮助我理解他(她)的,感受他(她)的内在需求,进而在力所能及的情况下满足他(她)的需求。永远都不嫌弃,承认无论他(她)呈现出优秀的还是糟糕的部分,都是他(她)的一部分,接纳并允许,并帮助他(她)看到。同时还需要他(她)看到,他(她)是一位成年人,要为自己负责,该承担的部分我绝不包办代替,相信并支持他(她)有足够的自我功能胜任工作,创造新的可能。

一颗心的成长,需要有另一颗心的滋养,老师如此,中层、校级管理者都不例外。作为校长,需要让所有管理人员形成意识:你的每一次工作,其实是用你的人格的容器,把老师自身无法承受、因此被无意识排斥和压抑的内容,重新纳入心智结构里,给予理解和解码,化成内在的材料,去填充和修补心理功能。重要的是,这种修补填充,并非只有老师受益,而是老师与自己的双向受益。管理,就是建立良好的关系。有了舒服的关系,接下来工作的主动性与创造性就会自然到来。

有滋养作用的人际关系

　　小小老师来谈读书时，谈到童年创伤，不停地流泪。在她的印象里，妈妈非常严厉。父亲在她上小学时辞去工作全职在家带她，对她照顾得无微不至，每天看着她学习，可她无法从父亲那里感受到爱。六年级时父亲突发心脑血管病，差点失去生命，病好后喜怒无常。她总是在夜晚躲在自己的房间里哭泣，有时甚至想死。她很难想象现在的自己竟然能够面对校长谈读书谈这么长时间，更难以置信自己能够拿着话筒站在舞台上讲话！她感到不可思议。

　　我就这样静静地听着，没有插话，没有打断，不知不觉一节课时间过去了，由于要上课，她就慌忙离去了。我知道，说出来，哭出来，她会舒坦很多。

　　过后，我有好几次都想再找她谈一谈，把那天没谈完的话进行完。但我仔细想了一下，一切刚刚好，不必太刻意。

案例分析

第一，关于老师。

一个人一生所受的种种困扰大都源于幼年的创伤留下的阴影。该老师有一位性格暴躁的父亲，专门辞职在家带她，可想而知，这样的生活就像身边有定时炸弹，更像一张密不透风的网，让她本该无忧、自由的童年处处受到限定,她无法做自己,这样的她仿佛是父亲的傀儡或者玩偶,要时时处处表现出父亲喜欢的样子,生活才能正常。而一旦没能令父亲满意,就会惹来"暴力"上身。父亲的暴病与喜怒无常,这些都会让她心中充满恐惧,活在担惊受怕中。在她看来,房间以外的地方都不安全,只有在那里,她才敢尽情哭泣。

如果说生命所拥有的天赋、资源、精神能量、自信是一个宝库,"内在小孩"就是这个宝库的看门人。童年的她不曾充分领略自己所拥有的这座宝库的丰饶与美好,而教师这个职业,我们学校的人文氛围,以及我作为"大家长"所呈现的开放与包容,这一切让她逐渐感受自由呼吸的感受,不断启动自我功能,扩大意识范围,逐渐找到安全感和归属感,于是,她那个孱弱的"内在小孩"开始敞开宝库大门,调用其中的资源和能量来实现自己的目标。她经由一次又一次的尝试,自由出入自己这所宝库的大门,"内在小孩"就从深受创伤变得愈发正常,她开始体验那个健康、自由、快乐的自己。

第二,关于自我。

大多数人的问题,往往是在早年有问题的关系中形成的,或者说是在早年与父母的问题关系中形成的。这些问题,需要在成年后的人际关系中解决,工作关系就是其中最重要、最自然的人际关系。

小小老师在我面前对童年创伤的诉说,让我在共情她的遭遇的同时,更多感受到的是她强大的自我功能。她如此敞开心扉、自我暴露、诉说烦恼、回首过往,折射的不正是学校人文环境给她的滋养,以及我们之间已经建立起来的有滋养作用的人际关系吗?其实,一名校长能够让老师感受到安全感和归属感,并且越来越敢于体验自己强大的自我功能,我认为是对校长最大的奖赏。我之所以在明明感知谈话并没有结束,但是却能够放下这件事,我相信也是对小小老师已经展现出这股力量——"我是可以的,我没问题的"——的投射性认同!

校长这份职业需要我们的直觉力、感受力、决断力和亲和力共同作用,进而能够正确对待来到我们面前的每一个生命,这样,有滋养作用的人际关系便建构起来。在这样的关系下,是信任,是理解,是心照不宣,是自我实现,总之,一切都会朝着美好的目标悄然发生!

一次说课

一天上午，我到四年级一个班级听了一节语文课，课后，就召集全组语文老师进行微教研。校长要评课，老师们兴致很高，有课的也主动调课前往参与。

我先做了事实呈现，重点回放老师在课堂上的话语，尽可能清晰地呈现在什么情况下，老师说了什么，问了什么，孩子当时的状态怎么样。随后，我让每一位老师逐一分享听我这样描述课堂后她们当下的感受，什么"老师的话太多了""老师不相信孩子""过多地介入其实就是一种打扰""被PPT所牵制，进而让课堂变得不够流畅，更别说重点突出"等等问题都浮出水面。我进而追问：请问这是一节以老师为主的课堂还是一节以学生为主的课堂？显而易见，老师们立刻配上了对。然后，我就学习目标、课堂流程、小组建设等启发老师们思考调整策略，并就每一个他们欲言又止的地方逐一说清楚、说明白，让那些如数家珍的课堂要点鲜活地与这节课的调整策略进行配对。

第二天，我跟进了该年级的课堂，每听完一节课，就有针对性地对老师们已经调整的地方做出肯定，依然模糊的地方进一步指导。第三天持续跟进。就这样，一周下来，我发现，这样手把手地指导，才是老师们最需要的成长方式。

案例分析 🔍

　　作为校长,我们事务繁多,往往听课不足,这样,课堂的问题始终得不到根本解决。只有深入一线,看到老师真正的需求,像镜子般让老师看到自己现在真实的状态,意识到自己真实的问题,发现问题解决的办法,并开始行动,所有的问题才有可能迎刃而解。这个过程需要持续跟进,一鼓作气,帮助老师走出迷茫期,真正走进清明状态,这时候,才可以适时放手,降低跟进的频度,给予老师更大的空间,让他们施展自己的才华与智慧,看到自己强大的自我功能。

　　这条路很漫长,是我未来很长一段时间的工作重点,我会坚定不移地走下去。

讨论的价值

由于疫情延续，我校线上教学的优势和不足越来越鲜明地呈现出来。

我校优势是任务前置，任务设置有趣丰富，能够有效启动学生的自主学习意识，秩序感已然形成，课堂能够建立在这两者之上，体现出高效。

我校的劣势，一是线上学习任务忽略基础，任务设置没能根据自学、群学、线上学习这一纵向规律合理分配，而是一股脑儿全给学生。二是语、数、英三个学科每周任务发布各五次，但线上学习时间过少，语文三次，数学两次，英语一次，线上学习次数与任务发布次数不匹配，线上学习重难点过多，线下资源没有最大化利用，等等，一系列问题出现了。

鉴于此，如何让我校优势更优，劣势降低，需要我们进一步调整设置，在原有学习秩序的前提下，让学习任务发布与线上学习一一对应起来。

可贵的是，二年级已经在这样尝试，并有了一定经验。我们需要放大经验，即：将线上学习与任务发布统一到一节课中，或是任务发布只提交家校本，不再占用课堂时间。

以上都是我的观察。

作为校长，我要做的，就是能够让每一个管理人员在自己的岗位上更有觉知、更有意识，发现问题并解决问题。

于是，我召集教学管理团队围绕以下问题进行了一次讨论：我校线上教学的优势是什么？劣势是什么？如何调整？

经过碰撞，大家很快达成共识：一是要调整管理设置，二是要调整备课要点，策略就是借助课例研讨，对老师进行体验式教研，让老师备课中需要关注的每一个要点都能经由课例的展示来配对，从而把握线上教学的特点，让孩子感受线上学习的乐趣与创造。

案例分析 🔍

工作中我们常常会遇到各种各样的问题，讨论——作为问题解决的一种方式，得到越来越广泛的运用。线上教学是一种新生事物，对于我们来说，大家都是第一次，所以，出问题是正常的。面对问题，客观地认识与分析，应成为管理者的意识与能力。而这种意识，是需要发现和培养的。

借助线上教学推进一个月所呈现的状态这一契机，我有意识让管理团队的每个人对如何合理解决问题有觉察，不是一味地要求与说教，而是让他们自己发现问题，通过讨论，让问题明朗化、清晰化、条理化，解决问题的对策就应运而生。讨论的价值就在于：他们每一个人都是切实的一名参与者，他有机会表达自己的观点，也能了解同一问题他人的主张和看法，有助于碰撞出更多的思路和可能性，并且建立自我的存在感，构建正向的价值观。变要我做为我要做、我想做，进而增强工作的积极性和主动性，让自我功能更好地发挥和发展。再也没有什么比一个人自己认为自己是有价值的更重要的事情了，那么，讨论作为一种解决问题的方式，恰到好处地让参与者成为主体，深度融入，一切就充满了可能性。

对讨论课的观察与思考

　　区"五名"评选在即，为了增强我校参选教师的实力与自信，学校层面的打磨正式拉开帷幕。进入讲课关，我主张以抽课方式让老师体验参赛感，其中，特意为两名参选名班主任的老师安排了同样的导入素材。

　　这是上学期线上教学我随机巡课时发现的三年级莹莹老师在一次讨论课上使用的小视频，讲述了十一位陌生人之间对爱的传递，有小孩，有老人，有高级白领，有街头乞丐，有流动的匆匆路人，有固定的水吧服务生……没有约定，但大家都在他人最需要的时刻主动助人，让爱在人与人之间自由流动。当时，莹莹老师以"友善"为讨论主题，取得了良好的课堂效果。同一年级的另一位老师也是"友善"的主题，但选择的是一个看起来有些说教且刻板的素材，效果非常一般。今年开学初，我专门安排莹莹老师就"如何选择有高级感的导入素材"做了专题分享，并让老师们亲身体验高级的导入素材对讨论课、家长培训等课程所起到的作用，引发了全体教师对导入素材的重视与把握。

　　上课开始了。两位老师，一位面向四年级学生，确定了爱与和平的主题；另一位面向三年级学生，确定了爱的主题。结果发现，无论是三年级还是四年级，无论老师确定怎样的主题，学生的发言都很高级，金句频出。

"只有爱才会有和平!"

"爱是由一个个帮助组成的,爱又换来了和平!"

"帮助别人就是爱。"

"爱是会传染的,你帮助别人,别人也会把爱传递出去。"

......

当然,我们的磨课还在进行中。然而,经由这次尝试,导入素材的恰当选择就成了新学期我们讨论课督导的关键点之一,我随即在教师群发了这样一段感悟:

关于讨论课的素材选择,是本学期学校督导的重点。二月份方案虽然已交,但是我们允许做调整,谁做调整了,在上课前私信告知李文静老师即可,学校不仅不批评,还会极力倡导这种精心筛选的精神!本周五讨论课过关,分别由廉鑫老师和祝琳老师尝试用刘钰莹给大家做培训时所使用的导入素材来上讨论课,结果发现,无论是三年级还是四年级,无论老师确定怎样的主题,学生的发言都很高级,金句频出。所以,高级的导入素材直抵精神,潜移默化帮助孩子树立正确的"三观",以及有温度的德育体验。请班主任老师有意识在此下功夫。另外,平时刷到一些好的视频时,及时保存,及时思考用在哪里比较合适。形成高效的思维品质,工作必定事半功倍。

随后,我立即和督导人员商讨切实将这个要点督导到位的具体策略。我深信,随着老师们对这一要点的灵活把握,一定能促使我校讨论课和家长培训再跃升一个台阶。

案例分析 🔍

　　思政讨论课是西工教育对中小学思政课的改革创新，内容并非来自教材，而是涵盖主题节点、具体问题、价值观、安全等与儿童生命成长息息相关的各个领域，某种程度上来说，在西工区，一名教师对讨论课的整体框架设计和课堂操作水平能够全方位反映出教师的专业水平。其中，围绕设置主题选择导入素材是班主任的一项基本功，是思政讨论课是否成功的关键要素。

　　作为校长，不但要有课程开发意识，更要有让课堂得以落地的管理策略。对于思政讨论课而言，根据学生年龄特点和班级学生发展阶段设置主题并不很难，在这么多年的反复优化中，老师们基本上能设置出适合学生成长的讨论主题。但是，只有合适的主题是远远不够的，是否能够根据主题选择恰当的导入素材就成了制约课堂成效的第一要素。当我发现同一主题下不同素材起到截然不同的效果时，就适时安排授课教师以微讲座的方式分享她选择有高级感的导入素材的积极经验，让老师们借助素材配对体验"高级感"，进而将老师们的认知提升到更高的层面，即那些短小精湛、扣人心弦、能够引发儿童内在精神呼应的素材就是有高级感的素材，这些素材能够直抵精神，激发儿童对真善美的了悟。

　　作为校长，要不断提升老师们对课堂品质的追求。诚然，每个月的思政讨论课，大家都会提前做好规划和设计，但是，只有当一节课真正要上的时候，老师才会真切感受和体验自己所选素材是否最优，如果感觉到素材不够理想，及时调整就能及时止损，每周一次的讨论课就能起到应有的作用。因此，我及时调整督导设置，允许临时更换导入素材，鼓励精益求精，为老师们创造获取成功体验的机会。当老师经由自己的反复筛选后将更合适的素材带给学生，并由此体验了它在课堂上所发挥的不可替代的作用时，才会真正将这项基本功作为必修课，课课锤炼，反复推敲，朝着教育的行家里手迈进。

推门课

　　巡课时,看到方方老师的黑板上没有学习目标,我很纳闷。这是一位上个学期末通过公开招录入职的新教师,她是以语文学科小组第一的成绩入围的,人长得水灵,看起来落落大方。恰好一位代课老师离职,经过反复调整,就把一个有多名教师子弟的班级交给她带,予以重用。难不成开学一月有余,她竟然连基本的课堂常规都做不到?教导处平时是如何巡课的?这个现象教学管理人员知道吗?带着好奇,我从后门进入教室,来了一节突然造访的"推门课"。

　　方方老师正在教学生学习《神州岛》一课,见我进来,一下子语无伦次。正好这时,学生问了一个问题:"老师,台湾为什么不回到祖国的怀抱?"她顿时语塞,尴尬地愣在了那里。十秒钟后,她匆匆让学生通读了全文。此时,上课已经20分钟。

　　接着,她开启了一篇新课文的学习,不是按照顺序学,而是中间隔过一篇,直接进入新课文的学习。学生一脸茫然,教室又出现了一阵骚动……

　　我离开教室,课后,我请该教师到办公室面谈。我知道她一定会很恐惧,所以,一见面就先打消她的顾虑,告知她这只是一次平常指导。我先让她表达了自己的感受,然后告知她我巡课的看点,其他老师呈现的状态,她出现这种状态的原因，等等，她从局促不安到慢慢放松，从委屈、解释到全然接纳，从眼神迷离到有了光芒，重新明晰了一名新教师可以如何借由工作创造自己、发现自己、经营自己。

当然，我还随机预约了明天的听课。因为我知道，她需要持续关注，她更需要一个改变在校长心中印象的机会。

果不其然，第二天我去听课，她的状态非常好。课后，我依然给她指导，让她知道专业上还可以做出哪些调整，相信她一定能做得更好。

案例分析

第一，关于老师。

看到我推门听课就语无伦次，看得出老师将我投射为权威或儿时严厉的父母。可想而知，她小时候会通过"犯错误"或"把事情搞砸"等，引发父母关注，满足自己的需求和渴望。因此，"推门课"对她而言，一下子就激活了一个犯了错误的孩子在父母面前的早年经验，于是她"愣神儿"了。

当我并没有配合她完成早年关系的移情，不仅不严厉，反而很温和时，她才开始渐渐放松下来，回归到自己当下已经是一名"老师"的角色上来，回归到自己现在已经是一名成年人的现实中，允许我表达的真相一点点展现在面前，她从而表现出自己真实的样子——紧张的、怯懦的、害怕的、迷茫的，看见即疗愈，看见意味着允许，所以，她开始放松，回归到理智的状态，真正开始了和我的对话。有了这样的心理基础，我说的一切专业问题都成了涓涓细流，浸润心田，求知若渴，使她有足够的动力——我能够做得更好！第二天，我如约而至，欣赏她，激励她，在她心里埋下"我是值得被爱的"种子。

第二，关于自我。

在这件事情中，我始终站在对方的角度上，感其所感，想其所想，很容易地就理解到她的情绪和感受。我用话语亮明立场，打消顾虑，其实也是在试图创造一段新的关系。由于我足够小心与尊重,仅是这份态度,就足以使她放下"盔甲",允许靠近,应邀而入,于是,我们共同创造出一种新的关系。这份关系可以是安全的,是舒服的,是有滋养的,是能持久的。这就是"健康的关系"。

与来到生命中的每一个人建立健康的关系,是能力,更是人格!当人格足够稳定、健全、宽厚、广垠时,我们就会逐渐变得慈悲和包容,允许一切以它最真实的样貌呈现,不评判、不抱怨、不控制,而是去感受、去碰触、去体味,进而做出自己应有的恰当的反应。这样,我们就会感谢来到我们生命中的每一个人,他们用鲜活而灵动的生命力陪伴我们成长!

让我们且行且珍惜!

别人怎么对你是被你教会的

　　学校后勤有一位老教师，对工作不积极，不主动。经过打听，得知是一些历史遗留问题，让他的个人问题始终得不到妥善解决，于是养成了消极怠工的状态。我还得知，这位老师是后勤的行家里手，后勤工作样样精通，是不可多得的人才。如果能够唤醒和激活他对工作的热情，其实就是在帮助他实现自己的人生价值，更是在帮助我自己。于是，在此后的日子里，我时常邀请他和我一起解决问题，重视他的每一个想法，还经常在教师群里肯定他周到、细心与能干，肯定他能创造性地解决问题。我还经常向他表达他给我的支持与惊喜，对此我非常感激。渐渐地，我发现，我们之间的关系发生了明显的变化。他逐渐开始主动工作了，许多工作不用我安排，他就考虑在前。我还能感觉到，他十分尊重我，有想法总是先和我商量，然后，全力以赴，第一时间就去落实，干净利落，干完也从不邀功，就又开始了新的打算。其中，疫情复学的一幕，深深地印刻在我的记忆中。

　　在因新冠疫情造成的超长寒假里，我校利用疫情好转而学生未到校的有利时机，将原计划暑假期间开工的教学楼外墙瓷砖铲除及真石漆喷涂工程提前进行。

　　经过40余天的紧张施工，工程如期完工。昔日里那个满眼绿色、四时有花的外小校园，不可避免地造成眼前的情形：教学楼四周的棕榈树叶被砸断，未来大道的植物变得残缺不全，尤其是方形广场，虽然施工单位进行了初步打扫，但离学校的标准相去甚远……如何让校园恢复往日的整洁美丽呢？

于是，我第一时间拨通了张老师的电话："张老师，马上要开学了，请你来学校看看，有点事想听听你的想法。"

"好，我马上到。"张老师爽快地答应了。

当看到校园一片狼藉的样子时，张老师掷地有声地说："校长，光我们后勤的人不行啊，我们今天开始准备，你召集学校男教师，我指挥他们怎么干，我们明天开始干，开学前必须让学校初步恢复往日的干净、整洁。"

就这样，一场重造外小环境的行动自此展开。我亲赴郑州，选取最合适的绿植品种，黎明出发，傍晚回来。为节约费用，大家亲自动手卸货。校领导带领通知到的和闻讯来校的男老师，挖坑植绿。

最让人感动的是，张老师不顾50多岁的年龄，高挽裤腿，肩背消防水管，一寸一寸将广场地面冲洗干净……那可是被水灌满的消防栓啊，别说一个人了，即便是两三个人一起抬都很费力。然而，张老师冲锋在前，毫不惜力，在校园里，塑造了一位英勇无畏、奋勇争先的共产党员的形象，深深刻在大家心中。

在张老师的带动下，没有一个人是旁观的状态，而是都纷纷投入创建校园的行动中。大家不计报酬、奋力争先，用近一周的时间，使学校初步恢复了往日的生机和活力。

5月4日，我校迎来了久别的孩子，大家为孩子们提供了干干净净的环境。

案例分析 🔍

　　起初，张老师对我的不友好其实不是针对我的，而是他对自己的不接纳、不认同，某种程度上我是他象征意义上的"父母"，他是将对"内在父母"的敌意投射在现在的领导身上。所以，他表现出对每一位领导的对抗，那时候的张老师把积极工作识别为屈服，所以要用对抗来表现自己的强大。而这，恰恰是他与别人的关系在当下的移情。后来，我总是友善地对待他，我们之间建立了新的关系，他发现，原来，人与人之间相互尊重、支持，可以让彼此的自我功能更充分地发挥，他发现自己原来可以活得不那么憋屈，他应该享受愉悦的、充满激情的人生。

　　我发现，关系的秘密其实是彼此成就，尤其是当你不嫌弃一个人，无论他做什么，你都能接纳他、允许他的时候，你在他那里就拥有发言权了。

　　我还发现，我有多么尊重别人，其实就是多么尊重自己，我每每能够设身处地替对方考虑时，换来的都是对方对我的认同与尊重。我在积极回应他人和世界的过程中发现了自己，发现了我的潜能。

　　因此，改变一个让你不舒服的关系，出路可以是你自己变得不同。忠于自己、找到自己，先搞明白自己，把自己活明白。然后，别人怎么对你都是被你教会的。只有你发了通行证，别人才有可能用你允许的方式和你互动。

爱的传承

　　近期发生了一起安全事件，主抓安全的副校长就该事件借助升旗仪式时间对师生进行安全教育，并宣读了对当事师生的处罚。处罚决定已提前告知两位班主任老师，她们表示愿意接受，而且觉得处罚非常合理。然而，第二天，一张意外的纸条躺在该班讲桌上，上面个别字眼让老师感到不被尊重。于是，两位老师找到我，认为是学校当众宣布处罚决定造成她们被动的工作局面。

　　平平老师红着眼圈说："校长，昨天的处罚让我们在学生面前颜面尽失。我就不明白，为什么处罚结果不可以在全体教师会上宣布，而是非要当着学生的面宣布？难道老师的颜面就不需要维护吗？"

　　晶晶老师补充道："学校有没有想过，这样会让我们在学生面前更无法开展工作！"

　　……

　　我静静地听着，能够感受到她们的失望与无助，但同时，也能觉察到自己心里升腾起的愤怒。沉默片刻，我说："你们需要我怎么协助你们？"

　　她们表示班里有几个孩子让她们无计可施，无可奈何。我立即表示，我可以接触一下这几个孩子，做一个初步评估，然后我们讨论下一步怎么解决。

第四节课，两位老师安排9名学生和我见面。我和孩子们进行了将近两节课的平等对话，我能感受到孩子们很认可两位老师，都想让自己的班级越来越好，而且表示从班级发生的事件中受到很大的教育。

我向两位老师反馈了这一情况，勉励她们说："你怎么对待孩子，孩子就会怎么对待这个世界！"鼓励她们重振信心，积极发挥这件事情的正面作用，力争由此开启班级管理新局面。

案例分析 🔍

第一，关于老师。

凡班级发生安全事故，当事教师与班主任当月安全绩效考核为零，这是我校安全管理的一项制度，毋庸置疑，不容试错。因为安全是红线，是底线，是高压线，是生命线，有所违背就要一票否决，不容许任何人在这样的事情面前讨价还价。老师之所以出现一开始能够接受处罚而在当众宣布后心理失衡，是因为在相关领导找她们谈话时她们是有觉知、有后怕的，是理性接受的状态，可是，在当众听到惩罚后，内在的羞耻感被激活，再将这种羞耻感投射出去，就构成了她们认为的别人都看不起她们的外在世界。如果一个人完全活在别人的眼光之中，她就无法正视自己的价值，因此会在看到一张带有攻击性的字条时就无法自处，找不到自我。

第二，关于自我。

人的一生是情感的一生，我们的情感是多面的，有时候甚至是矛盾的。当我听到两位老师在班级发生事件将责任归咎于学校时，一方面我同情老师们的处境，但我更鲜明的情绪是愤怒。这份愤怒，应该是对两位老师推卸责任的不满。但是，我知道，如果将不满化为指责，不能解决问题，她们此刻需要的是支持。我如何支持她们，她们才能习得如何支持孩子。于是，我按照两位老师的需求，跟她们认为棘手的孩子谈话,但是我的感觉完全不同,孩子们非但讲理,有爱,而且很认可老师。所以,我初步评估,有些时候,老师对孩子是有恨的,这种恨不被觉察,转化成不满、指责、抱怨、无奈、无助,投射给孩子,于是,孩子就呈现出更多让她们不满、无助、无奈的状况。你怎么对待孩子,孩子就会怎么对待这个世界!唯有爱,才能让荒漠长出绿洲,才能让孤单的心灵找到可以栖息的港湾。

"我太累了"

冬冬老师和我约定好时间谈读书，他却没有来，也没有任何告知。这让我非常不能理解，感觉此举与他的身份、年龄很不匹配。不得已，次日中午我让教导主任通知他来我办公室。

他抱着自己本学期要读的四本书来了，坐定。

我说："你是不是应该跟我说点什么？"

他不经意地说："昨天上午我请假了，下午来学校，发现把书忘到家里了，所以就没过来！"他轻描淡写。

我说："我能感受到你并不太在意没能按时来找我谈读书这件事，好像我们之间的约定可以由你单方面随意调整？"

他瞟了我一眼，略带愧疚地说："校长，这件事是我做得不合适！"

"怎么做可以得体些呢？"我追问。

他说："我想着你没在学校，所以也没来找你！"

我诧异了，说："你没来找我，凭什么就断定我不在学校呢？和我约定谈读书的多位老师都来谈过了，只有你，人不来，也不说明情况！"

他再次道歉："校长，这件事是我做得不好！"

我分明感到，事情绝不是如此简单！于是想借助接下来听他谈读书再感受一下。没想到,他直言:"我只读了一本,另外三本都没读!"

"为什么?"

"最近我太累了,感觉压力特别大,我真没时间读书!"

这让我始料不及。我说:"这样吧,咱今天就来谈谈你的压力!"

大约半小时时间,他向我诉说初为人父,在没有双方老人帮忙的情况下(母亲来了几天就生病回老家了,岳母在老家还要照顾自己的老母亲),自己在学校忙工作,一回家便被琐碎家务包围,没有一点私人空间,每天都身心俱疲……

我一直在感受和他交流的感觉,有深深的无力感和匮乏感,仿佛整个人被一股巨大的力量往下拽。

他的眼神飘忽不定,加上戴着口罩,我们之间几乎无法实现真正意义上的沟通。

后来他说:"我如果不生病,就对不起我自己!"

我瞬间明白了眼前这位30岁小伙子生活如履薄冰的根源:对自己应尽之责不能推脱,但又不心甘情愿,"感冒"可以让他心安理得地多睡一会儿,少干一些!然而,如果一个男人一直用"逃避"面对生活,无数的压力迟早会让他不堪重负!他需要的是直面人生的勇气,他需要承认:自己已经长大,自己有能力面对这些!

我让他看着我的眼睛,对他说:"是的,初为人父,每天忙完工作忙家庭,是挺辛苦的!但是,辛苦不代表着你就有权利擅改约定,或者可以不履行学校的工作要求!你说呢?"

然后,我建议他开始有意识做一个练习,即每当自己私自降低工作标准或放弃某项工作时,要有所觉察,觉察自己是怎样将它合理化的,感受自己放弃一件事情后,是获得了轻松，还是感觉更加沉重？如果可以，把这种感觉记录下来，看看记录的过程中有什么新的发现。

从他眼睛中闪烁的光芒可以感到，我的反应让他始料不及。

我接着问："读书还是要谈的，时间由你来定。你觉得什么时间合适？"

他说："元旦后吧，争取在放寒假之前我来找您！"

离开我办公室时，他对我说："校长，谢谢你对我说的这些话！"

案例分析 🔍

养育与被养育之间，是容纳与被容纳的关系。养育者本身是充盈还是匮乏的，一定程度上形成了孩子的命运。

这位老师用"以为校长不在学校"这种否认的防御机制，来逃避面对事实的焦虑与恐惧，由此可见，焦虑和恐惧是他目前的关系模式。他的内心一直住着一位渴望无忧无虑和不承担责任、压力的小男孩，这与他为人夫、为人父的现实形成了巨大冲突，让他在幻想和现实之间左右徘徊，不断消耗，无意识地总是将自己的匮乏感和无力感投射到关系中，形成了他现在做事的模式：用放弃或降低标准应对生活和工作，只有这样，他才能活下去！

但是，逃避绝非长久之计！成长，意味着他需要走出之前的关系模式！我让他有意识去感受自己是如何用降低标准或放弃的方式适应工作和生活的，其实就是让他开始对"不自觉"影响着他的力量有觉察，开始试着打破坏的强迫性重复。打破的唯一方式就是更多地了解自己，了解自己的情感、思维和行为模式，把可能导致重复的环节切断；并且勇敢地尝试各种新的、好的体验，以建立良性的强迫性重复机制。

很庆幸我没有让反移情见诸行动——不理睬、忽略或敷衍他，而是表达出我的关注和支持，还给了他空间和自由。我知道，未来，他还会无数次地敷衍生活或工作,但愿他能早一点对自我的这个部分有觉察,用"努力一点点"打破这样的强迫性重复,多多地去体验和感受生命中的愉悦与创造,从而替代无力与匮乏。这样,终有一天,他会成熟起来!

"我要休息"

　　周六，要处理两件事：全员核酸检测；准备第二天要参加的一个重要的省级线上答辩工作。我叫来相关人员进行分工，刚分完第一项任务，该项目负责人竟然连思考片刻都没有，当面回绝我，说："校长，我整不了！我都快忙死了，你听听，我的嗓子都哑了一星期了，连看病都没时间，硬撑着上班……"

　　这让我感到很意外，而且很愤怒，特别不能理解，也不允许下属就本职工作关键时刻撂挑子！我说："你说做不了就不做了，去，叫你的主管领导来，让我听听什么工作让你在这么关键的时候分身乏术？"她满腹委屈出去了！过了一会儿，她的主管领导单独一人过来，我说："怎么你一个人来了？叫她一起来，我们当面说！"这样，两人才一起过来。

　　经了解，最近她们团队加班整理书法先进校的资料，由于她手头事情较为紧急，所以基本没有给她分任务。听到这儿，我严厉地对她说："我还没遇到一个下属敢当面撂挑子！你有困难我们可以商量，而你连想都没想就说做不了，这是工作态度问题！这件事非你不可！最快速度把东西拿出来，然后该看病看病，该休息休息！"说完，我就让她出去了！

　　我和另外几名管理人员进一步分工，把余下的事情说清楚。之后,大家还就这件事议论了一会儿,都对她的反常态度感到不可理解,也对她每搞一次活动就生一场病的状态非常疑惑。

下午快三点的时候,她把材料整理好发给我了,看得出,还是用心了!

当天下午起至第二天下午五点,我精修讲稿,并带领其他管理人员对PPT及最后的录音合成反复打磨,精益求精,圆满完成了本次录制任务。

大功告成。当晚,我特意把成果发给她一份,并附了一句话:"来,欣赏一下咱们的成果!"她很及时地回复:这个必须鼓掌!

周一,她没有请假,正常上班。

周二,她原本说请半天假,改为了一天。

周四、周五,她原本想连请两天假,我只批了一天半。

周六半夜,她给我发微信说:孩子肺炎,请假一周。

案例分析 🔍

第一,关于自我。

和这位下属工作时的反移情就是不舒服,能够感受到她说话办事的不得体,总是力也出了,可却不讨好,还时常让人感到愤怒。

我能意识到愤怒的来源有两个。

第一个是她的,有可能在她小的时候,经常要用激起父母的愤怒来引发关注,制造连接。毕竟让人愤怒与正常关系的浓度相比,要更浓些,因此,她总是用自己不得体的言行来实现早年关系在现实层面的强迫性重复。而我总是成功被她勾引,配合她完成这份早年关系的移情。

第二个是我自己的。愤怒是无法言说的爱,她是我一手提拔起来的中层干部,有能力,但就是人格还不成熟,我曾多次与她促膝长谈,她也多次表示自己有着很大的变化。但是这份变化与我对她的期待和她能力所能达到的高度尚有距离，所以常会让人"遗憾"和"失望"。

我需要警觉的是识别反移情，了解她内在的这份独特风景，允许她按照自己的节奏成长，不被勾引，无论怎样，都保持对她的好奇与欣赏，让她知道，我一直就在这里，关注她，支持她，不急不躁，不离不弃！

第二，关于老师。

(1)反向形成。太想让领导喜欢，反而总是用让人讨厌的方式来表达。

(2)俄狄浦斯期冲突。我们刚刚一起经历了一场大型活动，获得圆满成功，按说，人是愉悦、兴奋的，但是，她不是这样，而是要生病，不仅自己生病，孩子也生病！照她的情况来看，事情做得成功，自己又身心愉悦，这个成功就太大了，事情就太过顺利了，她不允许如此圆满的事情在她的生命里出现，就用生病来冲抵成功可能带来的惩罚。之前，我就曾形象地描述她："重拳"出击后，一定再回敬自己一拳！她表示对该说法很有感觉！我让她仔细体会她的自我攻击。然而，两年过去了，这个问题依然没有得以解决！她总是一副委屈的样子，心里总是处于不平衡的状态。要知道，没有她的应允，外面谁能攻击得了她呢？那么，既然不是外人在攻击她，而是她自己，又是哪一部分还没得到满足？要找出来，命个名，看清本质，看清助长它生发的原因。有了这样一个潜意识化的过程，人格才能成长，一个人就会逐渐学会放过自己了。

"自恋"也有用

　　每次我投入很大心血做完一件事或搞完一个活动后，尤其是事情或活动圆满成功后，内在的兴奋往往要持续很久，总是不由自主地反复回味，久久沉浸，一遍又一遍，一轮又一轮，把活动现场录制的小视频、图片、报道等翻个底朝天。自己看，同时还搜寻都有谁关注了，有什么反应。直到没什么好看了，该看的看了不止一遍了，有时还会再找几个人发起私聊，继续分享自己的心得、完成活动的艰辛……在又得到一大堆赞美之词后，才美美地入睡。第二天醒来，大脑依然停留在这个频道，余兴未退，再回味一番！起床，洗漱，换上新一天的服装，走出家门，这才恋恋不舍地告别过往，开始新的一天。

案例分析 🔍

　　能成事并沉醉其中的感觉反复出现在我生命的每个阶段，这是自恋的表现。

　　自我评估，属于健康自恋，因为整个体验带给我满足与喜悦，同时，没有对外界造成任何伤害与打扰，相反，每一次分享还能碰撞出新的火花，更大程度地让自恋得以满足。

　　自恋是人类的一般本质，无论承认与否，每个人在内心深处都是自恋的。我之所以能够不断地超越过往，创新创造，自我完善，得益于"自恋"带给我的强大的自驱力。正是"自恋"情结及时在自我倾注、自我认同与自由彰显个人意志的维度下，恰到好处地作为积极的情绪因素解放创造力，我因此创造了与众不同的自己。

但我也深知，如果"自恋"这一情结越过了那条微妙的边界，便易滋生虚荣与傲慢。需要警惕和自省的是：为什么我如此渴望外界的强烈回应？指向外界，就有控制的嫌疑了，有控制就会有失控，失控是滋生烦恼的温床。好在我的好友和爱人他们能够回应我的内在需求，不仅如此，他们人格的独特性又弥补了我的局限性，其实是换种方式满足了我的自恋。

世界如此美妙，只要用心，随时都有礼物接收！

启动自我功能

　　最近我的一位副手工作不够得力，他的工作总是让我不放心、不满意、不省心，深感费力，这种感觉很不好。

　　他总给我心里没底的感觉！拿他负责的某项工作来说，一向是各项工作排头兵的我校竟然成了全区执行最靠后的学校，被局里点名，直到我将被点名的消息告知他，督促他，问询他时，除了我亲自干预的之外，他什么也说不上来。这让我非常恼火。学校大大小小的工作，校长不是事无巨细都要了如指掌，但项目负责人要了如指掌，要能够用行政管理能力推动工作深入开展。如果遇到困难，可以向校长反映，我来助力。然而，事实大相径庭，所有细节都是经由我的深入，才真正发现问题，仅靠他，问题发现不了，更别说解决了！因此，凡我顾不上没能深入的部分，他这边都没有进展！

　　这就让我感到另一位副手身上批判意识的珍贵。她时常会就某一问题来质疑我的决定，我们就会交换意见，有时是我考虑不周，我会欣然接受她的建议，有时是她站位不高，她会无条件执行我的决定，会在发现其中的精妙与价值后与我再切磋，总之配合默契，形成合力！

　　还有一个副手，思路极其清楚，对工作有认识、有追求、有标准，会借力，经她转化后的工作都能落地，从没有让工作棚架在那里，最终效果都不错！

总之，我要力争让每一个副手都能正常地发挥自我功能，并协助其不断体验自我功能的弹性和灵活性，形成"打破常规，别出心裁，巧妙为之"的新常态。

案例分析 🔍

显然，作为副手和工作项目负责人，当边界意识没有清晰建构时，往往会将自己应尽之责外包给他人而不自知，就会出现校长要求我做我才做、校长不要求我就不做的现象！这其实是一种不良的表现，不能以一名成熟的成年人的状态面对成长的体现。这样的人往往是在早年与重要养育者相处时，不能独立地被对待，总是被剥夺、不被信任、被包办代替等，因此每当遇到大事、要事、难事时，必须依附他人才能完成，自我功能处于抑制的状态。一开始，我并没有完全明白这一点，一次次允许他成为我的附庸品，自我在受到侵犯时感到不舒服、不痛快。我一次次让反移情见诸行动，替代他做事情，让工作得以推动，让他误认为依附于我或者和我不分你我是正常状态，配合他完成了他早年关系的强迫性重复！

后来，当我明了了潜意识中这样的操控机制时，随即启动我的自我功能，适时退后，划清边界。总是协助他人启动自我功能，直到我们都处在愉悦、舒服的关系中，我知道，我们都守住了自己的核心自我。

总之，不要把手伸到别人碗里，把脚跨到别人领地，否则既有掠夺他人的侵略感，也有被裹挟的吸附感，关系就会过于纠葛，不清爽、不舒服、不痛快！我们要敢于让自我功能灵活和有弹性，伸缩自如，这样才能始终愉悦地享受工作，实现生命的较高价值！

每个人负责把自己经营到这样的状态，一定会彼此都觉得舒服！

好的关系是有效沟通的前提

九月的第三周，我推门听课，再次跟进教师安安。这位教师上次的问题是课堂设置较浅，不利于学生深入学习，目标达成度不够。当我进到教室时，老师起初感到有一些意外，但很快就进入教学状态。从课堂的效果看，仍然有一些内容没有落实到位，尤其是在核心问题设置不当时，课堂仍然以老师讲为主，学生参与的积极性没有被充分调动。

听完课进入研讨阶段，教师的表情略带紧张，不与我做任何眼神交流，我感受到她的抗拒。评课开始了，听课老师轮流发言后，我说："今天，安安的课上，我发现了一大亮点，她的学生倾听的品质提高了，而且，有一个做法特别值得大家学习。她是这样做的……"在我这样表达的时候，我特意观察了她，她僵直的身体开始放松下来，脸上泛起一点红晕，眼睛也有了光芒，略带羞涩地微笑了一下，整个人松弛了很多，仿佛卸下了包袱一样。

时间关系，课堂上她的一些问题没来得及当场解决。课后，她竟主动来找我讨教，我启发她就问题自己想出调整方式，让她进一步发现深入思考、反复琢磨的课堂活动设计一定更精彩！这次，她愉悦地离开了我的办公室。

案例分析 🔍

　　干好工作是每一位为人师者的本能，只是能力有大有小，标准有高有低，不同教师呈现出不同的工作水平。学校管理在很大程度上要激活老师的自我功能，让他的内在不断涌动着想干事、能干事、干成事的激情与成就，使命与担当。

　　显然，安安老师是一个还没有完全愿意自我负责的老师，很多时候出现各种问题而不自知，或者不愿面对问题，通常采用逃避的防御机制停留在自己的世界。这就是她已形成的关系模式：通过功能外包，引发关注，让人放心不下，获取关注和关照。这种关系的痛点就是当事人没有被调动和激活，没有把本属于自己的发展的主动性收回，而是外挂给了别人。

　　这次，我一反常态，在明明有着明显问题的课堂之后，以她课堂的亮点为突破口，表达了欣赏，放大了优点，满足了她的自恋时，在众人面前给足她面子和尊严。这样，老师主动收回自己的敌意投射，发现领导不都是找毛病的，领导眼中的我原来也有可爱的一面，我是有价值的，我的努力终于被看见了……这样的一系列心理暗示就创造了她愿意打开自我的可能性，开始愿意和我建立更深入的关系。

　　原来，好的关系是有效沟通的前提。

"堵"

　　壮壮老师要结婚了,每天都忙得见不到人影。

　　第二天要迎检,他突然来向我请假:"我可否提前离开?"我问了他理由,感觉他说的事情也没有那么急,只不过是对象给的压力比较大,不得已只能向学校请假,以避免冲突。我没应允,建议让他打电话向对象解释一下,明天的活动非常重要,今晚务必各项工作准备到位。他说出去打个电话,没想到,竟然没再回来。他的这一举动令我意想不到,我觉得自己的权威受到极大挑战!

　　那个晚上,一直有团东西堵在心头,久久无法散去。

案例分析 🔍

　　"堵"在我心头的究竟是什么?这是借助此事我要解决的问题。经由一遍遍的自我对话,有了如下发现:

　　一是关于自我的权威情结。校长是一所学校权威的代言,意味着不可违背。当老师以打电话为由不经我允许就擅自离开时,"违背"就这么猝不及防地发生了,令我"百思不得其解",被失控感重重包围。由此我认识到,在我内心,是有向权威认同的情结的,从来不敢挑战权威,赋予挑战权威以"天大"的意义。这件事发生后我才意识到,被挑战后的我也没什么,我是可以允许该教师日后给我一些解释的。

二是关于老师的反叛精神。该老师早年就失去了父亲，一直在妈妈的严格管教下成长，谈对象前的他，总是顺从母亲、领导；谈对象后，对象身上的反叛精神弥补了他内在的渴望，在对象的鼓动下见诸行动。对于他而言，这是好事，我能感觉到我不仅不生气，反而为他高兴，有些"刮目相看"了。我知道，校长作为教师的外挂容器，在我可以承受的范围内要允许他们敢于任性，这份允许把握好以后，一定可以转化为工作的自觉性和行动力。同时，在合适的时候引导他们透过任性走进内在，探索自我反抗的究竟是什么，这样，大家都能经由内在格局的不断扩大而愈发自在。一个人在做事情的过程中不断感受自己的人格状态，并能够不断完善提升，所有的发生就都有意义了。

每个人都有自己理解世界的方式，也有与世界互动的方式，世界因此而丰富多彩。因此，对世界多一分允许，自我就多一分自由。世界原本美好而真实，如果感觉不美好，那就调整一下看世界的眼光！

敢于放手

　　周三一早,接到一个通知:下午有临时外出任务。研修怎么办?我原本安排的是《别永远伤在童年》心理团训,是我精心酝酿的一次特殊研修活动。调至明天?还是……突然,一个大胆的想法跳了出来——让正在接受第五批沙盘教师培训的老师来做,借此打造我校心理健康教师第一梯队。我为自己这个灵感而兴奋,并满怀期待。好,立即行动!我叫来了慧慧老师,和她沟通了这个想法。

　　她睁大了眼睛,满脸惊诧,说:"校长,您别开玩笑了,我能行吗?"

　　"没问题,我第一个想到的人就是你!"

　　听到我的回应,她的眼睛睁得更大了。我接着说:"愿意听一下我对这次活动的想法和策划吗?"

　　她立即点头,并拿出纸笔,边听边记。

　　沟通很顺利,她非常乐意接受这样一个挑战,并开始投入准备。上午,除了和我又进行了一次核实之外,她开始了自己的相关准备。书记照旧像支持我每次做研修一样,给予她全部后勤保障,我们都对这样一个调整充满期待。

　　第二天一早,我就看到了报道该活动的美篇,是另一位沙盘培训教师配合完成的,一气呵成,一看就能感受到这是一次有精神能量且深入人心的活动。该美篇还得到了教体局相关领导的好评。上午，我择机对两位沙盘老师当面表达欣赏，她们都表示这是一次难忘的体验。

案例分析 🔍

集体研修是教师专业化成长的一种路径和方式，也是由校长亲自主抓的工作之一，在日常教师队伍建设中发挥着不可替代的作用。从学期初集体研修的整体规划到每一次研修的落地，我都会亲力亲为，亲自谋划和安排，亲自带领和推进，是每周工作中的一件大事、要事。特别是对于一种新的研修形式的尝试和转变，更是会早打算、早谋划。

《别永远伤在童年》这本书深受老师们喜爱，我用了五次研修的时间，带领老师们做了理论方面的解读。这次是第一次尝试用心理团训的形式做体验，经过反复筹划，终于有了一个自认为满意的方案设计。所以，在听到我的工作与研修有冲突时，我有点失落，有点矛盾。失落在于谋划已久的事情不能如约进行；矛盾在于如期还是延期，有些举棋不定。这说明我的自动导航系统中认为许多事情"非我不可"。

当觉察到自己的自恋、控制与自我限定后，我立即做出了调整——放手让他人来做。作出决定后，喜悦油然而生。任务交托后，我还能感觉到我非常放心。之所以这样，一部分是因为我交托的对象慧慧老师带给我的反移情，她总是能够尽心竭力，独当一面；另一部分是因为我校这项工作长期稳定推进让我拥有的确认感与自信；还有一部分是因为我自己人格中用人不疑、勇于创造的特质得以表达。是的，当我们能够创造自己的生命，并借由自己对生命的创造带来更多人的成长，真是一件值得庆贺的事！

今后，我要更大程度地去"放手"，放出智慧，放出机会，放出生命中的无限可能。不做限定，却又恰到好处给到要求，这将是我下一步努力的方向。

无条件地关注

鑫鑫老师在社团审核时状态很差，词不达意，让我有被糊弄的感觉。

我说："你是今天社团审核老师中最不重视这项工作的人，你在糊弄我们，这让我感觉很不舒服！"

她说："校长，你怎么这么说？"

我回应道："我只是向你表达了我的真实感受！"

她马上辩解说："我怎么不重视这项工作了？你们让我调整社团，我假期里一直在想换成什么？丝网花一直都是我喜欢的，因为有其他老师在做，所以我放弃了，但是，今天上午听说娜娜老师离职了，我才想做回这个我最喜欢的社团！"

我说："刚才的一大堆话都是解释，我不需要，我只需要看到在你参与审核时，展示出你充沛的准备，用心的策划，这才是你对自己的重视，和你对工作的重视！"

她还是一脸狐疑。看得出，当下我们是无法实现沟通的。我说："我马上要审核下一个社团，丝网花这个项目可以，但是新学期你有哪些改进与提升，需要你再做准备，进行二次审核！"

她只好离开了审核现场。

新学期开学第二天她的第一节课，我在巡课时发现她竟然一上课就给学生发作业本，发了半节课时间，完全不按照备课去上课。而同年级刚入职不足一年的新教师，不仅按照集体备课的教案上课，而且全班孩子100%带齐学具，各项操作有模有样。两个班级对比鲜明，更让她懈怠、随意对待课堂的问题"暴露无遗"！

我立刻认识到该老师思想出了问题，准备放学后跟她谈一谈。下午，是新学期第一节讨论课，我想：再听一节讨论课，看看情况。结果，更不可思议的事情发生了：她们班的导入素材竟然无法正常播放！为了不影响正常上课，我让隔壁班级的老师过来，三下五除二解决了播放问题，总算孩子们的讨论课没有受到更大影响。

几件事情下来，她终于认识到自己是有问题的，下午放学后主动来找我认错。我说，给你一个月时间，如果依然不能正常开展教育教学工作，进入待岗，暂时不再聘用。听到这儿，她大哭起来，又是鞠躬，又是道歉，又是表态。我表示：愿意给她时间，并给她所有需要的支持，期待看到她全新的状态！

两周后，这个班级整体面貌好了一些，但还不太稳定。我知道，转变需要过程，我愿意继续给她时间和支持，相信她会越来越好。

案例分析 🔍

第一，"移情"与"反移情"。

不难看出，该教师的早年关系模式是犯错误而引起关注，在她的潜意识里，她一直在用犯错误获取关系，即便是被训斥、指责甚至是惩罚这样的糟糕的关系，也比没有关系强。新学期，她屡屡犯错：社团审核不尽力，第一节数学课随意调整课程内容，讨论课不提前做好课前准备等,成功引发了我对她的密切关注——二次审核、巡课刻意关注、听课验证评估等,让"反移情"见诸行动,配合她实现早年关系的"移情"。在这个过程中,我深深地感受到该教师内在爱的匮乏与无趣,一种悲悯之心油然而生。

第二,温和而坚定。

我和她早年的父母不一样的是,她早年在犯错误后,可能立即就受到惩戒,建构起来的或许是"我不好""我不行""我不配"的自我认知。因此成年后,她总是要把事情做得很糟糕,进而就可以忠诚地活在不舒服但却熟悉的关系中了。我共情到这些后,用温和而坚定的话语让她知道工作的标准和她要面临的成长,没有让惩戒立即见诸行动,而是给她全面观察、反观自我的机会,让她自我发现、自我调整,还在她需要的时候给她专业的指导和精神的支持。这样,我和她就建立起新的关系模式,这种感觉是她从前从未体验到的,即"我很好,我是值得被爱的"。不仅如此,我还持续不断地关注她,让她毫不费力就能感觉到,爱一直都在!

我坚信,假以时日,自我改变的力量会成就一个全新的她!

玩出智慧，悟出新招

  幸运大转盘，让分享成为一种福气；

  盲盒加红包，让挑战变成一种乐趣；

  变化随时有，让参与成为一种期待；

  一人都不少，让总结变成一场游戏。

  学校线上期末总结会在老师们的期待中拉开帷幕，又在幸运、趣味、惊喜、变化、挑战的氛围中高潮迭起，趣味横生，妙不可言，回味无穷！

  广覆盖。学校分别从工作和生活方面给出十个话题：

  工作方面：关系、教学、管理、活动、安全；

  生活方面：读书、爱好、运动、亲子、婚姻（爱情）。

  老师们可以在工作方面五选三，在生活方面五选二，分别列出2022年对自己影响最深刻的五件事，要求语言高度凝练，既让人知道事，还让人明白"理"！话题之广，让人人有话想说，有话能说！

  多变化。活动中游戏贯穿始终，幸运大转盘、抽盲盒、拆红包、指人不提名、抢答等等，主持人根据现场氛围，随时改变游戏设置，让活动充满乐趣，充满惊喜！

  巧设置。活动前半场我们跟随分享者像过电影一样回忆过往，每个人的分享都令人着迷和好奇，每个人的感悟都独一无二，充满哲理。下半场，主持人猝不及防将设置调整成对今天活动的梳理与整合，你刚适应这个频道，又调整成对2023年的展望，哇，这一切太高明了，在确定中充满不确定，在寻常中充满挑战，而永远不变的设置就是"人人参与，一个都不能少"以及"只补充，不重复"，只见老师们既争先恐后参与其中，又从容不迫面对改变，在挑战中锻炼着胆量、口才、反应、心理，全面素养都得以深度开发！

立转化。活动参与下来，老师们纷纷感慨：

原来活动可以这样组织……

原来设置可以如此灵活……

原来总结可以如此有趣……

原来挑战也没有那么可怕……

这个我可以用在课堂……

这个我可以用在班会课……

所有活动的意义与价值老师们都自主抵达，这大约就是好活动的最高境界吧！

活动在无比的满足感中落幕，为本学期画上圆满句号！

是的，新的一年，我们已做好准备，将以热爱为帆、以科学的思维和无限的创造为翼，扬特色，创品牌，让学校这艘大船在教育高质量发展的洪流中劈波斩浪，行稳致远！

案例分析 🔍

在学校，我提出"奋斗不息，创新不止"的八字精神，鼓励老师们干工作推陈出新，勇于创新。在我看来，创新是一个人的本能。生命从诞生那一刻起，伟大的创造之旅就开始了。如果一个人在成长过程中能够在精神胚胎的引领下自主发展，总是得到协助与支持，而不是打扰与干预，这个人就能创造出独一无二的自我，其创造性就顺利发展，日后转化为人格，自如地支撑着自己体验生命的神奇与伟大。我一直主张，做事情一定要有足够的空间，让个体能够在其中自由发挥，让生命的张力尽情体现。

这次活动就极具创造性，设置高度灵活，最大的特点就是具有选择性和不确定性。选择性意味着个体主体意识的主动参与，变要我做为我要做；不确定性让整个活动充满挑战、惊喜与变数，是对主体意识的深度撬动。所以整个活动都能看到老师们情绪高涨，活动结束给人以满足、愉悦和成功的享受。

教育其实就是这样：一个灵魂影响另一个灵魂。当学校的活动能够让教师在体验中习得、在体验中顿悟、在体验中享受、在体验中明智时，老师就会自动将自己的体验传递给孩子。周而复始，爱就成为一种常态！

冷清的名师训练营背后

我来到这所学校快五年了，让学校从一所名不见经传的小学校发展成区域的窗口学校，曾作为区域唯一代表接受了市委书记的现场调研，并获得高度赞扬。学校目前发展备受关注，社会影响力和美誉度日益提升，使我深切地认识到一个问题：学校名师数量屈指可数，这与高速发展的学校是不匹配的，学校目前已经到了一个出名师、出骨干的时期。

于是，经开会研究，我在学校教师中发起一个倡议——开展名师训练营活动，无门槛，自愿报名，只要你有追求，肯吃苦，愿提升，学校就将拿出人力、物力、财力培养你，打造你。

然而报名期过去了，业务校长向我反馈报名结果：不足10％。说实话，面对这一结果，我心里有些失落。但认真一想，这恰恰是这几年老师们读书成长的结果：不讨好，不跟风，量力而行，跟随内心，全力以赴做好当下的工作，自我欣赏……符合发展规律，是正常结果。

案例分析 🔍

出名师，出骨干，是一所学校发展到一定阶段的标志。成为名师，是一名老师成长到一定阶段后的主观愿望而并非每一名老师的自然抵达，是一个人的愿景、使命、担当、实力中任何一方面无限接近一位名师的状态时，内在涌动而出的一股力量。

作为校长，打造名师队伍是我的目标之一，只有当它与老师的成长目标碰撞、相遇，一拍即合时，才会迸发出无穷的动力。

教育，原本就是不同人格的老师共同成就的事业，理想的教育汇聚的是这样的一批老师：人格健全稳定，对教育充满热爱，对生命充满好奇，对工作充满探索，全力以赴，勇于创新，敢于成功！因此，不是名师才能干好工作，而是身为一名教师，必须干好工作。从这个意义上来说，追求把工作干好是第一步。

成为名师，相当于拥有了名誉的奢侈品，允许自己轻松驾驭奢侈品，也是成功的一种标配。换句话说，不为自己达不到而自我否定，也不为自己配得上而目中无人。既然是奢侈品，那就等谁配得上时，再拥有吧！

走出"辛苦骗局"

对于有过糟糕早年经历的个体而言,会不由自主地把早年关系中父母投射出来的敌意带到现实生活自己与他人的互动中,把不好的、不接纳的、糟糕的感觉投射到他人身上,于是,自己成功地成为"受害者",而他人都成了"施害者"。

早年没有被正确对待的个体,成年后往往需要用很大的努力去证明自己的存在,每一项工作都要做到100%努力,稍有怠慢,自恋就会受挫,自我会产生羞辱感,或者陷入自责。为了缓解这份不舒服的感受,只好事无巨细,面面俱到,始终绷得紧紧的,让整个人处于疲惫而紧张的状态,看起来十分"辛苦"!殊不知,这份辛苦,带有表演性,仿佛是在向世界宣言:看我多辛苦!看我多完美,谁都不可以说我!又好像是苦肉计,用辛苦骗取超我的信任,不再陷入自责与内疚。

案例分析

心理咨询的意义就在于,咨询师作为象征层面的"父母",在与来访者的互动交流中,借助反移情理解到了来访者的关系模式,不再配合他完成早年关系"施害—受害"的强迫性重复,而总是平等、良好地对待他,让他的存在感、价值感都得以满足,和他建立起新的客体关系,治疗就发生了。

在现实中，领导和下属的关系其实就是象征层面的咨询关系，早年没有被很好对待的下属经常会将敌意和攻击投射在他的领导身上，领导如果能够及时觉察，不被勾引进入下属"施害—受害"的强迫性重复，而是将下属传递出来的无法承受的糟糕的情绪、感觉，经过自己人格的加工，转化成让下属能够接受的、舒服的能量，就会让下属有机会体验到新的客体关系，进而疗愈就发生了。这就需要领导能够不断完善自我人格，成为一个尽可能大的容器，让下属拥有足够的自由，总是被正确地对待，这样，生活中所有的共同经历都将成为领导和下属新的成长经验。

现在，我清楚地看到了我当年"受害者"的样子，并清晰那时的自己是怎样被早年关系操控的。衷心感谢心理学的学习与实践，我走出了自己"受害者"模式，收回我投射向外的敌意，借助每件事体会一个成熟的成年人对关系的把握：不控制，并能对控制保持警觉，中正地做事而不含敌意，温和地做人而不失风骨。我惊喜地发现，世界对我是如此友善！

下 编

我看见了你

云朵是个极其腼腆、文静的女孩子,从不和同学发生矛盾。课堂上,也是安安静静地坐着。一年级的小朋友整体比较活跃,相较之下,她很少得到我的关注。云朵还是个慢性子的孩子,做任何事情都不紧不慢甚至比别人要慢半拍。对于老师发出的指令,总要反应一会儿。所以我很少找她帮忙,对于她提出的想要帮忙的愿望,我总是拒绝。慢慢地,她越来越少跟我提出想要帮忙的要求。

片段一:

有一次,我忘记将办公室的作业本拿到教室里,于是就说:"有没有人愿意帮我把办公室里的作业本拿到教室?"几乎人人举手,云朵也不例外。我像往常一样,依然叫了几个经常帮忙的孩子,这时听到第一排的云朵轻声叹息:"唉,又轮不到我!"听到这句话,我心中的怒火一下就上来了,狠狠地瞪了她一眼。

片段二:

一堂语文课安排在大课间后。孩子们经过跑步、喝水、上厕所后,总是对响起的铃声有些充耳不闻。我在环视教室时,突然看到已经做好课前准备的云朵,就随口表扬了她,并让大家向她学习。那节课上,我惊喜地发现平常沉默寡言的云朵竟然主动举手发言了。我及时让她分享。接下来的几天，我对云朵持续留意，发现她主动发言的频率越来越高。这种良好势头一直持续至非笔试测试。根据要求，对于自己成绩不满意的同学可以要求重测。云朵没有得满星，她第一时间找到了我并问道："老师，我可以重测吗？""当然可以。""那我今晚回家好好复习，明天找您重测。"她的脸上写着信心与幸福。

案例分析

第一，关于自己。

先入为主的刻板印象。前期通过对云朵同学的观察，我已经将"腼腆""慢性子"等标签赋予了她，所以对于她的要求我总是拒绝，因为我内心已经认定：这么内向又慢吞吞的孩子，无论交给她什么事情，她的完成度一定不高，说不定还要我给她"善后"，还不如不开始。

移情。在我的求学生涯中，老师传递给我的消息就是：听话的、按时完成任务的、反应敏捷的同学才可以成为老师的小助手。因此我把自己和老师的关系延续到了我和我的学生之间，认为腼腆、慢性子的云朵不符合小助手的要求。

听到她叹息："唉，又轮不到我。"这时，我的愤怒来源于她说出了小时候被老师同样对待的我不敢说出的真实的内心感受。

我无心插柳的夸赞激发了云朵向上的动力，而我也较敏锐地捕捉到了孩子的变化并及时给予强化。我给她营造的环境是安全的，因此孩子能够顺着这股力量发挥自己的潜力，也就有了后续：她的行为持续变好。

第二，关于学生。

孩子的感觉是最直接、最敏锐的。通过我的一次次拒绝，她感受到了我对她的不信任，于是对我进行了投射性认同，慢慢地，越来越少跟我提出想要帮忙的要求。

每个人都渴望被看见、被尊重，因为它能让我们体验到较高的价值感。对于低段孩子来说,被老师看见、表扬,是一件无上光荣的事情。

接连几天,只要云朵举手发言或认真倾听,我都会对她表示赞扬与欣赏,对于她提出的想要帮忙的愿望,我也会尽力满足。从我的行为中,孩子体验到了被看见、被表扬的幸福感与较高的自尊感,也就愿意跟随我的步调前进。所以要想让孩子改变,作为教师,首先要改变自己。不要随意给孩子贴标签,相信每个孩子都有成长的内驱力。我们要做的就是营造环境,看见孩子。

通过学习、行为等,得到老师、家长等的赞许和认可,它一般出现在儿童早期。云朵不断向我提出想要帮忙的愿望,进而得到赞扬,其实是附属内驱力外显的表现。

看见,是尊重的开始;看见,是改变的前奏;看见,是解决问题的基础。带着爱去看儿童,我们会发现每一个孩子身上都有属于他(她)的宝藏。希望自己在今后的工作中能更多地、更全面地看见孩子,走进他们的内心,让改变悄然发生。

(本部分由王毅楠提供,略有删改)

看见与共情

片段一：

6月3日下午，每周一次的沙盘培训，我作为一名来访者，向咨询师诉说近期的困惑，我怀疑自己好像抑郁了，觉得自己在一条黑暗的隧道里暗无天日，看不到光，看不到希望。她回应道："我觉得你是一个内心很有力量，性格很开朗，很有韧性的人。"听了她的话，我的情绪瞬间被卡在那里。

片段二：

半夜，二宝睡得好好的，突然莫名其妙地大哭起来，问他怎么了也不说，哄也哄不住，只是一个劲地哭，听他哭我就烦躁。我吓唬他说："二宝生病了，不会说话了，要吃药。"他听到这句话，两只手不停地摆动，嘴里说着"不要不要"。

片段三：

6月21日，周二，下午，刚上第二节课，我们正在进行基础知识测试，一个又高又壮的男孩走进教室对我说："我找贺某某，让他出来一下。"他说这话的时候，我能感受到他们之间应该是发生了矛盾。没等我开口，贺某某同学就站了起来，嬉皮笑脸地说："老师，他打我。"这一下子激怒了这又高又壮的男孩。他本来站在门口，听到这话，就往贺某某座位那儿冲。我快速挡在他面前，对他说："我感觉你特别愤怒和委屈。""他胡说八道！""是的，我有同感。我们到教室外面说。"在走廊里，他告诉我，在厕所里，贺某某说他是同性恋。"什么?！这家伙居然说这种话，怪不得你这么生气。"我回应。他继续说："我找他算账，他跑了。""他知道自己做得不对。这样，你先回去，事情交给我。这会儿在上课，下课我来处理。你觉得呢?"他顿了一下，就走了。

下课，他没有再过来。我找了贺某某还有班里几个同学了解情况，确实像男孩讲的那样，是我们班贺某某先挑衅了那个男孩，男孩生气要打他，他就跑回了教室。弄清了事情的来龙去脉后，我让班里两个男生陪着贺某某去给男孩道歉，后来的事我也没再追踪。

昨天下午六(4)班举行毕业典礼，在楼梯上遇见这个男孩，他向我打招呼，我问他："贺某某向你道歉了吧?"他说："嗯，谢谢老师。"然后就跑了。

案例分析 🔍

在第一个片段里，我作为一个来访者，向咨询师倾诉我的困惑，我希望她能看见、理解那一段时间以来我的无助和痛苦，但从她的回应中让我感受到的是不理解、不被看见。当她说我内心很有力量和韧性的时候，我特别不认同，我觉得她在努力地说服我："你很正常，你没有问题，你内心充满力量，你怎么会抑郁呢?"她试图把我从黑暗里拉出来，那是她作为咨询师的需求，那不是我的需求。

共情说难很难，但也挺容易：只不过是在别人遇到困顿时，需要蹲下身来，陪陪而已；连陪都做不到，那就真的难了。

在第二个片段里，我看到孩子哭，好像看到了小时候的自己，我讨厌那个半夜突然大哭的自己，于是我忍不住采用了父母对待我的方式对待自己的孩子，尽管自己当时有所觉察，但现实中仍然不自觉地默认和传承了父母的情感模式。在那一刻，我根本没看到孩子，没有觉察到孩子的需求，我陷在自己的情绪里，无法自拔，无法和孩子做到共情。

罗杰斯说共情是一种体验别人内心世界的能力。那如何经由他人的情绪去体验其内心世界呢？无论是和孩子，还是和成人，相处时，共情要求我们放下自己的评判和情绪，全然地和他（她）一起，进入他（她）的世界，去感受他（她）的感受，也就是所谓"设身处地"。

就像片段三中我对待那个又高又壮的男孩那样，我们要对孩子的情绪反应有觉察，带着这样的觉察试着去接纳孩子的情绪，不管是正面的还是负面的。

作为老师，我们需要让自己成为一个稳定的容器，能够去容纳孩子涌动的情绪。我们可以稳定地对接孩子的情绪，并向孩子传递理解，让孩子知道他（她）是被看见的。在许多情况下，孩子一旦知道自己已经被看见、被理解，情绪就会慢慢地淌走了。

共情有时像点穴，一旦说中了孩子的感受、原因，他的情绪就会流动起来，孩子就不需要用这部分能量来攻击自己、攻击别人了。当然，共情不等于解决问题。但神奇的是，当我们能够做到不带评判地倾听，去进入孩子的世界，和孩子同频之后，就会发现，原来我们和孩子之间一直纠缠的问题突然迎刃而解了。

（本部分由寇亚辉提供，略有删改）

规则的背后

　　新学期,学校的森林书吧进行了重新装修,开放式的书吧让孩子们十分喜欢。每天下课,低年级的孩子们总要进去体验一番。

　　有一次中午延时,我在巡视校园时路过书吧,看见几个孩子在里面玩抓人游戏,而且没有脱掉鞋子。我当时很生气,对着他们说:"你们哪个班的? 不能在里面大吵大闹!"他们几个听到我的话,顿时停了下来,其中一个孩子扭头对其他同伴说:"赶紧走,赶紧走,要不然该扣分了。"说完,一群人就迅速跑走了。我想叫住他们,可是没有成功。回到办公室的我,心里很不舒服。

　　下午大课间检查卫生时,我还在想上午的事情,刚好在方形广场又看到了他们几个人,我就径直走了过去。他们看到我,刚开始有些拘谨。我对他们说:"又见面了,上午老师还没来得及跟你们说话,你们都跑得没影了。"其中一个孩子说:"老师,我们这次没进去捣乱。"我回应:"是的,我看到你们在这玩游戏呢。但是老师想找你们聊聊,可以吗?"他们点了点头。我说:"我先对老师上午的粗暴语言向你们道歉! 对不起! 我看到你们在那里大喊大叫,于是就有些失态了。"孩子们听到我的话,纷纷抬起头来看我。我继续说:"那你们有没有想对老师说的?"一个小孩说:"我们不应该在里面大吵大闹，不遵守规则。"我及时表扬了他："老师看到你能够主动承认，认识到自己的错误，很是欣慰。"我接着问："你们觉得新装修的书吧怎么样？"大家七嘴八舌说了起来，有的说高大上，有的说很温馨，有的说书屋很有意思……我认同了他们的说法，我说："老师也很喜欢我们的书吧，每次路过，我都要停下来欣赏一会儿呢。"说到这里，我感到周围的气氛轻松了很多。我接着问："那你们知道我们的书吧约定吗？"大家点了点头。"如果我们在里面大喊大叫会有什么后果？"有人说："会打扰到看书的同学。"有人说："会破坏安静的氛围。"之后，我又问了关于不遵守规则会带来哪些后果和影响之类的问题，我能感觉到，在那个当下，孩子们对规则背后的意义有了更深理解。

案例分析 🔍

第一，关于学生。

首先是其中一个说"再不走就扣分了"的那个孩子。看似他懂规则，其实只是表面顺从。当他被大人用不合规矩而恐吓、威胁、强迫遵守规则时，他就掌握了恐吓的要领。"再哭就不要你了""再不起来，警察就来抓走你了"等等这样的语言，都会让我们的孩子学会用同样的方式对待他人。

其次是这几个孩子的群体。通过与他们对话，能够看到他们对书吧规则是很熟悉的，但之所以还会出现大喊大叫等破坏规则的行为，其实是规则的认同与内化问题。内化规则是一个长期的体验过程，需要我们帮助他们反复练习去建构。我在跟孩子们的对话中，去核实、去发问，他们不仅接收的是规则本身，还有老师对他们的尊重和爱。因此，我们要看到规则背后的意义，带着爱的能量，保持自己平和的情绪状态，平等地与孩子一起履行规则，同时给予孩子空间和时间，在心理上去理解和消化规则。

在我们与孩子的交往中,如果能以爱的态度去协助孩子了解规则,当违反规则时提醒他们该如何遵守规则而不评判他们,中正而确定地执行规定,他们就会用自己的方式构建起规则意识,清晰的规则意识会让他们学会自尊、自爱、自我负责!

第二,关于自我。

刚开始我看到他们在书吧里大吵大闹,有些情绪失控,对他们说出一些粗语,其实是受伤的"内在小孩"的影响。自己在使用"退行"这种防御机制,以此来缓解自己当下的焦虑和不安。

而我回到办公室后,心里不舒服,让我开始觉察自己的行为,同时在与孩子们的沟通中,敢于面对自己的错误、承认自己的错误。就像《别永远伤在童年》这本书中所说,找到并认可受伤的"内在小孩",是一种开放自己的过程。

(本部分由李文静提供,略有删改)

烦恼的背后是恐惧

　　幼小衔接示范课需要我校一年级的赵老师录制一节课，先报送至市教研室参加评比，再由市教研室选至省教研室参加评比。这一次比赛，规格比较高，从学校层面到区教研室都非常重视，从选课、备课到上课，都进行了反复的研磨。

　　周五下午，通知赵老师到办公室就这节课的问题再次探讨。赵老师提前到办公室后，抓这项工作、通知相关人员前来开会的李校长还在教室没忙完。赵老师看到我在办公室，就开始对我倾诉，情绪有些激动地对我说：

　　"烦死了，我都快要崩溃了！这节课，刚开始教研室的王主任来听后说我选的课不行，我又重新选课。准备好后王主任又来听了一次，提出关于教学设计、课上的师生互动及语文素养的落实还存在一堆问题。经过王主任的跟听、指导，校长又开始跟听，也指出了好多问题，也给出了建议。因为这节课，我整晚都睡不好觉，连做梦都是小兔运南瓜，今天夜里3点就醒了，实在太烦了，喝了杯咖啡。今天终于可以到录播室录制了，我觉得今天上午是上得最好的一次，但王主任看了录像，又指出了一些问题，让我继续改进，再录。我真的要烦死了，我一直都是不求上进的人，每年区里的优质课我都不报，这次学校非要让我上！我平时看见教研室王主任、校长都怕！"

我暂停手头的工作,耐心地听她把自己的烦恼一股脑儿倾诉出来。听完后,我直接问她:"那你是在怕些什么呢?"同时向她表达了我的感受,我自己以前也因为反复磨课而有相似的经历,但这是一个必经过程,之后将会有成长和收获的美好体验。我建议她把课彻底录好后,静下心来思考一下:面对这件事为什么会这么烦?到底为什么会怕主任和校长?之后,我俩又交谈了一次,她告诉我她烦恼的背后是恐惧和焦虑。我给她冲了一杯咖啡,我俩碰了杯,喝完后相视一笑。我为她圆满完成这次录课任务而表示祝贺!也为她超强的认知自我能力而点赞!

案例分析 🔍

第一,关于老师。

赵老师告诉我,她因为录课这件事很烦恼,她在倾诉中提到,在平时也会怕教研室王主任和校长来听她的课。赵老师烦恼的背后,其实有两个原因:一是怕。怕必须做而不想做的事情。也就是录课这件事对她而言是不想做而必须做的事。王主任和校长反复地听她的课,不断提出建议,她反而还没有之前上得好,让她看不到自己不喜欢做的这件事情的尽头,害怕自己要一直这么做下去,似乎看不到希望。二是道德层面的烦恼。这来自对自我的要求。潜意识里,赵老师还是很愿意把这节课上好的,在磨课的过程中,听到大家的建议,她会有不知道到底该怎样做才能把课上好的迷茫,但又看到王主任、校长对她的重视,反复来给她指导但她仍然没上好课而感到内疚。

第二,关于自我。

耐心地倾听赵老师的倾诉,让我感受到了她烦恼的背后是恐惧和焦虑。因此,我听她说完之后,就直接问她:"那你是在怕些什么呢?"建议让赵老师思考怕的原因,从而让她明白烦恼是因为自己正在经历必须做而不想做的事情,自己是因为教研室、学校对自己不厌其烦地指导而自己仍然没上好课的道德层面上的烦恼。

其实，生活中有谁能完全地只做自己想做的事情呢？这样的人应该是极少存在的。大多数人大多数时候都被笼罩在一团虚火中，处于一种烦恼的状态中。所以我们要好好地探索：我们内心烦恼的或怕的究竟是什么。理清了原因，我们就会做出调节，让自己的工作和生活更愉悦。

（本部分由李艳艳提供，略有删改）

关于学习的谈判

新学期开学了，我任教的班又开始进行基础知识过关了。我给每个孩子都印了基础知识过关单，我自己也有一份儿，并跟孩子们说明了关于每课学完后的过关要求。

我介绍完这些要求后，下课铃声响了，就在我收拾物品时，我们班的赵某某从后面座位跑到讲台处跟我说："老师，如果我全部过关，你能送我一张科比的海报吗？"

我说："你说的全部是指的啥？第一课的每个部分吗？"

他说："不是，是一到十二课的内容全部过关。"

我惊讶地问："真的吗？"

他说："真的。"

我说："你确定啊！我同意！"

他听到后立马伸出自己的小手指，说："来，拉钩！"

我也伸出手指很认真地跟他拉了钩。我们的协议算是达成了。

整个过程，旁边还站了几位学生，全程看着，手还扶在赵某某的肩膀上。完成这些，赵某某高高兴兴地还站在讲台边上，我先走出了教室。我回到办公室，一边走一边想：咋叫这小子给"忽悠"了？

案例分析 🔍

第一，学习的动力。

不可否认，并不是所有小学生的心智水平都能非常透彻地认识到学习这件事对他（她）的重要性。真正乐于学习、找到每一门学科的学习乐趣、能够耐得住枯燥，他们需要一个环境，一个有学习元素的环境，需要跟他人互动，需要得到相关成人的认可，这些都是学习的动力。师生互动，能够激发学习的动力，这未尝不是一件好事。记得一句至理名言：教育是一个人影响另一个人，一个灵魂撼动另一个灵魂。

第二，契约精神。

他先用承诺来对应作为一名教师的需求，即学生全部背诵过关，又满足了他的需求：一张科比的海报。在双方都有需求的情况下，契约就有意义了。从对话中，我一再确认细节，如：是一课的内容过关，还是整本书的内容过关。他用拉钩的方式加强了协议的确定性。我们都有契约精神。

第三，灵活性。

我在下楼时，心想：怎么就被他给忽悠了？想着这家伙竟然要让我买科比的海报，但明明嘴角又有笑容，觉得这学生挺可爱的，所以我是愿意跟他达成这样协议的，不在乎是否要花自己的钱奖励学生，反倒被他这一本正经宣布要好好学习的架势给感动了。

也有老师说，不能把学生惯坏了，学习本身就是学生的事，为什么要用物质去奖励？买了很多东西送学生，作为班级或小组颁奖的礼品，大家都太卷了。听了这样的说法，我觉得，应该有一定的灵活性，看针对什么样的情况，再灵活调整。

（本部分由李红梅提供，略有删改）

我和铭铭的故事

片段一：

在新生入学的第一天，铭铭一直皱着眉毛低着头，好像有很大的委屈。我拉着他的手，反复说："你现在很安全，放学后妈妈就来接你了。如果你特别想妈妈，老师现在可以给她打电话……"他摇摇头拒绝了。

放学前，我把班牌递给他，问："你愿意当路队小班长，带领路队放学吗？"他猛地抬起头，眼睛亮亮的，高兴地接过了班牌。

片段二：

在轮滑课上，我正在办公室批改作业，突然听到方形广场上传来阵阵哭声，开门一看，是铭铭。

我赶紧走过去问："铭铭，你怎么了？"他没有回答，哭声更响亮了。

我又说："这后面就是教室，你这样会打扰大家的。"铭铭听了，快步走到一楼墙角，靠在墙上继续大哭。

我蹲下来扶着他的肩膀说："你现在这么难过，老师陪你一会好吗？"

等他哭声小一些了，我问："你愿意跟老师去办公室休息一会儿吗？"

我试着拉起他的手，他没有拒绝。

我们来到办公室坐下。我说："你先坐这休息一会儿，等你想告诉老师了，再和我说好吗？"

铭铭抽噎着，不回答，我只好继续批改作业。渐渐地，铭铭不哭了，站在旁边饶有兴致地看我批改作业，甚至还帮我"指点"着说："老师，他这个'e'写的是歪的……"

我觉得他的情绪已经彻底平静下来了，看着他的眼睛说："谢谢你，帮我检查作业。你现在感觉好些了吗？"他点了点头。

"那你愿意告诉老师，刚才发生了什么吗？"铭铭轻轻摇了摇头。这时我知道他已经完成了自我调整，正好下课铃响，就让他离开了。

片段三：

在上学期的一天下午，快上课了，我走向教室，拐角处，铭铭迎面向我跑来，大声喊着："啊——老师你来了！"

他手舞足蹈，一副很欢快的样子，感染了我。我笑起来："这么高兴呀！"

"对呀，我老早就在这等着了！看见你我就过来了！"

"是迎接我吗？"

"嗯！"

"迎接我干吗？你喜欢我吗？"

"对啊！我喜欢祝老师！"说完，他还肯定地点了点头。

听到他的话，我心里咯噔一下，脱口而出："谢谢你啦！"

我摸了摸他的小耳朵，他笑着跑开了。看着他的背影，我明显感觉到胸中有一句话在翻涌着，张张嘴却始终没有说出口。

后来每每想起这件事，虽然是令人高兴的瞬间，可没能对铭铭说出那句"我也喜欢你"，成了一种遗憾，在心中久久地挥之不去。

案例分析 🔍

第一，关于学生。

对儿童来说，情绪来临时，他们就沉浸其中，全然地感受情绪。而情绪以独特的功能帮助儿童修复、调节、平衡着自己的内心。所以，当铭铭遇到难以承受的事件时，他的情绪被看到、被允许，并且在老师的陪伴下全然地流淌，通过哭来释放，事件被自己接纳和消化了，铭铭完成了自愈，而后恢复了他往日的样子。

其实，崩溃大哭事件只是一个缩影，铭铭是个内心世界丰富、情感细腻的孩子。他刚来学校时有较强的不安全感，在班级里担任"路队小班长"后，发现他是被需要的，心中的不安全感渐渐被稀释。在班级中，他感受到了大家的帮助和爱，于是，他开始融入周围的环境，尝试和我们建立新的关系，从而勇敢地用语言和行动表达爱。

儿童从环境中吸取养分，感受爱、习得爱，进而传递爱，成长就这样发生了。

第二，关于自我。

作为老师，我清晰自己的边界，在铭铭需要帮助的时候适时介入。如当他无法融入集体时，引导他在集体中找到属于自己的位置，从而获得高价值感和归属感；当他遇到无法解决的情绪时，我作为倾听者和陪伴者，陪伴他经历一次完整的心理自愈过程，给他的成长提供了一个有爱的、能包容的环境。教育就这样发生了。

在整个案例中，对我触动最大的，就是我为什么无法立即对铭铭作出爱的回应。其实，当铭铭这么直接、热烈地向我表达爱的时候，我内心是十分惊喜的。可如果我以同样的方式热切地回应铭铭，我将在潜意识层面把它识别为"过于亲密"。所以，为了维持我教师的身份，我用了相对间接的行为，替代直接的语言，来表达我的喜欢和感谢。

铭铭能够大大方方表达爱，而我却"爱你在心口难开"，我觉察到了内心的那份羞涩。回想小时候的经历，发现我的父母从来没有用语言对我表达过爱。原生家庭的相处模式和父辈对我的"教育"造就了我的固有模式，我最终没能开口把这句"我也喜欢你"送给铭铭。所以现在，我正在努力调整自己，学习用语言表达爱，比如看着我家宝宝的眼睛说"妈妈爱你"……

蒙特梭利说，儿童乃成人之父。我陪伴着孩子，支持他获得更好成长。与之同时，看见、觉察、内观、调整——这自我成长的过程也滋养着我的生命。

（本部分由祝琳提供，略有删改）

"玻璃心"与"做自己"

一天，佳佳抹着眼泪来到我面前，泣不成声，断断续续地说："老师……老师……，你给我……调到……别的组吧！"

我很好奇地问："为什么？"

"小宇骂我。"说完这句话，佳佳的情绪就完全失控了，哭得说不出话来。

我当时心想：一定是小宇骂了特别难听的话，才把这孩子伤成这样。

陪着佳佳平静了之后，我把小宇也叫了过来。

"现在可以说一说事情的经过吗？"

这时，佳佳先开了口："我想和小宇换位置，可是他不跟我换，还骂我玻璃心。""玻璃心"这个词让我心中猛然一动。

没等我多想，只见小宇鄙夷地斜了佳佳一眼，紧接着说："老师，我只是不跟她换位置，她就哭了。这不就是玻璃心吗？"

我向佳佳确认："一开始只是因为被小宇拒绝了才哭的，对吗？"

佳佳有点不好意思地说："嗯，可是我就是感觉很难受，就是想哭。"

我坚定地向她点了点头："当然，感觉难过当然可以哭，被人拒绝总归是不好受的。"

然后，我问小宇有什么想说的。小宇回答："我只是不想换位置，并不是针对她，要是换作别人，我也会拒绝的。"

我转向佳佳，微笑地看着她说："孩子，听到了吗？小宇拒绝你，并不是对你有意见，也不代表你不好。"

听到这里，佳佳一直阴郁的脸上又明朗了起来。

我接着问道："现在你还很难受吗？"佳佳表示好多了。

最后，小宇也认识到要尊重别人情绪的表达，并为自己随意给别人贴标签的行为主动道了歉。

这件事情之后，类似的情景在佳佳身上又出现过几次，我都是一遍一遍地向她澄清着：别人拒绝你，只是因为这件事，并非不喜欢你这个人。

直到有一天，我又看到佳佳哭了，据说是和最好的朋友婷婷吵架了，对方还要和她绝交。看到佳佳和婷婷在同一个小组，两个人坐在一起别别扭扭的，我忍不住问："我能帮到你什么？需要帮你暂时换个组吗？"

她说："老师，没事的，不用换组，我们自己做自己就好了。"

"做自己"，说得多好啊！这一次，虽然佳佳又哭了，但我感到很高兴，因为她的内心成长了。

案例分析 🔍

第一，关于学生。

对于儿童而言，每一天都在确认自己的价值，确认有没有人爱自己。他们被拒绝后，很容易认为别人不喜欢自己，自己很糟糕。尤其是对于佳佳这样高度敏感的孩子来说，她会把拒绝当成是别人在针对自己，并责怪自己，这让她很难受。而当佳佳被人贴上"玻璃心"的标签后，她的受伤感就升级了，她用"骂人"来定义"玻璃心"，说明把它当成了别人对自己的一种攻击。这进一步加强了她的受挫感,进一步证实了"我是不受欢迎的"。于是,这个关系便再也不能给予她安全感,她就会迫切地想要逃离,想通过换组来寻求一个新的、能让人感到安全的环境。相反地,小宇是一个内心清明的孩子,他非常清楚自己做出的选择只是忠于自己的内心,并能够清楚地把这种态度表达出来。

所以,看见佳佳的感受,并帮助孩子剥离事件和情绪,显得尤为重要。我用"被拒绝总归是不好的"这样的话向佳佳表达:不管你因为这件事有着什么样的感受和情绪,都是被允许的、被尊重的。然后,通过小宇的表达,让佳佳明白这样的事实:原来别人拒绝我,并不是因为不喜欢我或者我不好,而是有他们自己的原因,我依然值得被爱。并且被拒绝也没什么大不了的,每一个人都有权利说不。这样的分析,帮助佳佳把"我"和别人的言行分离开来。在一次次剥离中,佳佳慢慢地有了正确的自我认知,自我的力量就回来了。以至于到后来,即使是绝交这样的事情,她也能够勇敢应对,坚持做自己,对自我的认识再也不会因为别人的评价受到影响。

第二,关于自我。

回想当时"玻璃心"这个说法为什么会触动我,是因为曾经的我也是这样一个"玻璃心"的人,在那一瞬间,我仿佛变回童年那个敏感、脆弱的小孩儿。小时候的我,学习出众、听话乖巧,但也正是这样,父母对我的期待过高,反倒是经常用否定、打击,用与别人家孩子作比较的方式,激励我做得更完美。而当我受挫难过的时候,通常得到这样的回应:"多大点事儿啊?""这有什么哭的?"这样的经历告诉我:我有难过的感觉是不对的,说明我自己做得不够好,被否定的感觉很不好受,我要被所有人喜欢才能避免这种难受。于是,我会特别在意别人的态度和评价,很容易因别人的拒绝和负面评价而受到打击。所以,记忆中的受伤感被当下的事件唤醒了,这样的共情让我轻而易举地体验到佳佳的感受,也让我接下来的做法真正帮助到了她。

当我知道佳佳与好朋友绝交的时候,我担心佳佳会承受不了而主动提出了给她换组的建议,其实是我自己内心脆弱的投射。我把自己想象成了佳佳:如果是我面对这样的情况,我会怎么做?是的,我会逃避、退缩,所以,我认为佳佳也应当如此。事实证明,佳佳比我要勇敢得多,这恰恰也让我看到了我的受伤的"内在小孩"，让我对自己也多了一些觉察和关照。每一次和佳佳的剥离，都是我对自己的一次疗愈。当佳佳完成了从"玻璃心"到"做自己"的转变时，我也在这个过程中重新找回了做自己的力量。所以说，看见孩子、理解孩子，不仅能够让我们帮助孩子获得成长，同时也能够拓展我们的觉察范围，让我们本身也获得成长的空间。

（本部分由陈琼琼提供，略有删改）

同理心的力量

　　班里的轩轩和小小总是会因为一些小事而争吵，甚至大打出手。每次我和搭班王老师解决完他们的问题以后，都会再次叮嘱轩轩让让小小，对轩轩说："你不要去硬惹小小，小小本来就是个小马虎，他要和你有什么争执，你稍微让着他点儿，别和他一起钻牛角尖。"轩轩总是会听话地点点头。

　　可是就在周五放学的时候，轩轩和小小又一次起了争执。我解决完他们的问题之后，让小小先走，轩轩在我旁边突然大哭着对我说："为什么我们俩只要有争执，你们总是会说让我让着他，凭什么，有时候明明是他的错，可是你们就是不让我和他多计较。我也是小孩子，之前我一直听你们的话忍着，可是明明他也有错，为什么只说我不说他？"

　　轩轩一边哭一边倾诉着。我心里一震，突然为轩轩感到心酸，也为他感到委屈。孩子积蓄了多久的心塞和委屈，才能这样爆发出来。我本想批评轩轩为什么这次情绪这么激动，可是我突然又理解轩轩了，于是我对轩轩说："老师并不是偏向小小，你俩一起争执，我们总是让你让着小小，是因为小小过于钻牛角尖，他需要时间自己去释放，但是你能懂老师心里的话，就像个大孩子，老师说什么你都能理解，听老师的话，帮老师去解决问题，因为你理解老师的处境。但是现在老师也理解你的委屈，知道你忍耐了许多，才会这样子发泄。老师理解你，孩子。我也会多多和小小谈心，引导他，希望你们能和平相处。"

很明显，轩轩听进去了我说的话，平静了许多。

案例分析 🔍

第一，关于学生。

在这一段关系中，轩轩每当和小小发生矛盾，在我的调和之下，轩轩总能做出让步，说明轩轩是一个很清明的孩子，他有很强的同理心。从心理学上讲，同理心是设身处地分享、理解他人情绪和需求的能力，即设身处地地对他人的情绪和情感的认知的觉知、把握与理解。身体就是同理心的触发器，能真真切切地感受到他人的情绪、需求或意识。轩轩之前总能听从老师的话，他能真切感受到老师夹在两位同学间的为难，所以当老师和他谈心时他能理解老师，他能体谅到老师的不易，能和老师产生共情，这种共情是他能设身处地地为老师考虑的结果。

同理心的背后意味着轩轩有着完整的自我意识。自我意识完整的人能够放下自己心中的情绪、价值观和信念，耐心地倾听、关注和感受他人的感受。轩轩累积的委屈爆发了，本以为他会不受情绪控制，结果当我向他解释完之后，他依旧能试着用对方的视角去审视问题，他能认真倾听，理解对方，深入对方内心深处，说明他有完整的人格。轩轩情绪大爆发，但是在听完我对他说的一段话之后，能理解对方，说明他同理心的背后有着很强大的复原力，他能从一段受过委屈使自己受伤的关系中很快恢复，这是孩子被爱、被关注的结果，说明他的内心有着很强的底气，这种底气来源于父母、老师对他的尊重、爱和关注。

第二，关于自我。

一开始面对轩轩和小小的矛盾，我总是无意识地让最懂事的孩子做出让步，可能这与我的自身经历有关。我总认为懂事就要听话，其实这也是我受伤的"内在小孩"，我需要去正视、去疗愈，因为懂事、听话在某种程度上意味着缺少爱、尊重和关怀，这种心理上的缺失很容易变成讨好型人格,所以我不再让轩轩做出一味儿的妥协而是公平公正去处理问题。

我发现自己是能和轩轩产生共情的。我们互相吐露心声的过程只是需要彼此的尊重、爱和保护。轩轩倾诉完心声,我能站在对方的角度去理解,这就是同理心的力量;轩轩感受到我理解他,感受到我对他的抚慰时,能立马让自己的情绪恢复平静,这说明我是拥有爱的。

爱的本质,是被看见。我看见了孩子,关注到他内心受伤的那部分。我们用同理心去互相滋养,当能互相接纳时,我们的情绪就在流动,理性思考就会启动,同理心就会发挥很好的作用。

(本部分由郭毛毛提供,略有删改)

爱藏桌角下的你

片段一：随时随地爱藏桌角下

正正是一个爱藏桌角下的孩子。经过我一段时间的观察，我发现正正即使是在上课时也会随时随地、随心所欲地藏在桌角下。有时是在看书，有时是在玩游戏，看起来似乎还是那么地沉浸在自我的世界里不肯出来。他小小的身体完全被桌角给隐藏着，就这样我对正正爱藏桌角的这个行为充满了好奇。

片段二：伤心……不被理解的我

有一次，我看到正正像婴儿般紧紧蜷缩在桌角下，他在哭泣，他把脸深深地埋在手臂里。他的同桌妍妍告诉我，组长在收绘本的时候，正正一直不回应，大家提醒了他三次，他还是没听到，便直接把他桌子上的绘本拿了过来，然后正正就钻到桌角下伤心地哭了。妍妍为此给正正主动道了歉，还给他接了杯水，试图哄哄他。而正正仍然不肯从桌角下出来，于是把妍妍也急哭了。

这一刻，我随手搬了个小凳子坐在他身旁。几分钟过去了，我没有听到他的哭泣声，我便开始跟他聊天。我俩聊了很多，从他喜欢滑轮滑一直聊到刚才发生的事。正正没有不理我，他挺喜欢向我表达他的内心需求。正正说："我觉得藏在桌角下感觉好，安全。"我对他表示赞同和理解，我顺势而为,对上课时间如果总是藏桌角的行为提出了建议,和孩子达成了协议,希望正正下周开始,可以遵守课堂规则,尽量避免上课期间总是藏桌角下的习惯。

片段三:得到认同的我

接下来的一周,数学老师说:"你们班正正现在上课可认真啊,之前总是藏桌角下,现在上课时没有这个行为了。"

听到这些话,我无比开心。因为教育真的就在那一刻悄然发生了。

案例分析 🔍

第一,关于学生。

正正的这个表现正是处于空间敏感期。藏桌角下会带来边界感,让孩子感到安全,他可以在这个他认为安全的空间里尽情释放自己的情绪,在这个安全空间里,没有谁可以打扰到他。

对于孩子来说,如果寄身于一个较狭窄的、经过观察和确认的、相对熟悉的空间里,就会有一种安全感,这是人与生俱有的一种本能感觉。这种边界感会让他学习判断自己在空间里的位置,感知多大的空间对自己是最安全的。

正正的行为是想要获得安全区,他哭泣时就是觉得自己处于不安全的边界的时候,那么藏在桌角下就是他想要的安全的边界。这些探索都会让他更好地了解自己和所在空间的关系,产生对世界、对自己的感知与信任,从而更加独立、自信地建立起与外界的关系。

第二,关于自我。

我平时在和孩子的交往中,就是孩子的观察者,我及时发现并且抓住孩子的空间敏感期,并及时接收到孩子的行为反馈,还创造条件充分满足孩子的好奇心。我并没有因为任课老师的反馈而简单粗暴地呵斥和制止孩子的行为。

如果孩子总是有这个行为,除了正在经历空间敏感期之外,孩子行为背后的原因是什么？他的行为异常是否在向我求助？我该如何给他帮助？

从儿童敏感期角度看，爱就是为儿童提供一个和谐的环境。所谓和谐的环境，就是让儿童有安全感，在爱的呵护下，儿童就不会惊慌，从而会更好地集中精力在自己感兴趣的事情上，进行自己内在的空间建构，心智获得成长。

因此，在整个事件中，我极力和孩子共情，用情感引导的方式来解决问题，让教育真正地发生了。

（本部分由郑小燕提供，略有删改）

不被情绪左右

周三下午课后，在教室安排好值日，我拿着研修记录赶往阶梯教室参加校本研修。刚坐下一会儿，手机上就收到检查卫生的李老师发给我的信息，我以为有急事，会议还没开始，就点开看了一下。李老师发了一个视频，是我们班在打扫清洁区的孩子，小雷正在把一个垃圾斗往树上扔，旁边还站着几个孩子在看。看到视频，我非常生气，情绪立马涌上心头，整个研修期间自己就处于消极情绪中。

第二天早上，我板着脸走进了教室。我把小雷叫了起来，当着全班学生的面，质问他：昨天下午放学后，打扫清洁区，做了一件什么危险的事情？小雷已经意识到事情的严重性，连忙承认了错误。我接着问，还有谁参与了，都站起来！小杰和小博怯生生地站了起来，两人看着我，默不吭声。于是，没等学生说明缘由，我就开始了安全教育。整个过程持续了十分钟。

然后，我开始讲课。一向活跃的课堂，有些沉闷，只有零星几个学生发言，他们的反应让我一下子提不起劲来，整节课都处在沉闷的气氛中。

课后批改作业，发现今天的课堂效率非常低，学生错误百出。

大课间，我气冲冲地拿着作业本向教室走去，还没到教室，就听到语文老师在批评学生今天的听讲效果差。我这时意识到了问题所在：自己的负面情绪对学生造成了很大的影响。于是，我调整了自己的状态，平静地走进了教室，带领学生完成了眼保健操和室内操。

做完操后，我平静地向学生们说出作业中出现的问题，学生们也调整了状态，专注地开始订正错误。

小雷走到我旁边说："陈老师，我认真地反思了自己的行为，我真的错了！我意识到了其中的危险性。我在打扫时，一直刮风，刚扫干净，树叶又落了下来！我急着回班写作业，可是地面总是扫不干净！我生气地扔了一下扫把，没想到用力过猛，扫把扔到了树上。我当时很着急，担心扫把取不下来会受批评，就想到了用垃圾斗把扫把砸下来。其他两个同学也是为了帮我取下扫把。"

听了他的解释，我了解了事情的真实情况，意识到了自己当时完全处于负面情绪中，认为他们是在贪玩，故意捣乱，根本就不愿听他们的解释。

对于自己的不当行为，我向几个孩子道了歉，并对他们的做法表示理解，同时指出他们的行为还是存在安全隐患的，如果垃圾斗砸到人就危险了！孩子们表示赞同，并说以后绝对不会出现此类错误了。我和学生们恢复了以往的状态，班级氛围更加积极向上了。

案例分析 🔍

第一，关于学生。

小雷的内心是很清明的。在刚开始感知到我的情绪时，他为了避免和我产生冲突，采用了"逃跑"的防御机制，直接承认错误，没有过多解释。而当我平复了情绪时，小雷体会到安全感，他敢于表达自己的真实想法,也意识到了自己不当行为中的安全隐患,从而使事件得到解决。

第二,关于自我。

当看到视频中小雷在扔垃圾斗时,我认为小雷不认真打扫,还做这么危险的动作,我的愤怒一下子占据了整个内心。愤怒的负面情绪,让我不受控制地进班,对他的行为进行了批评教育,甚至还不给他解释的机会。很明显,在我批评教育的背后是我愤怒的负面情绪的宣泄。孩子们从我的叙述中,已经感受到了我的情绪,所以在后面的上课过程中,我在我的负面情绪中出不来,而学生也仿佛和我共情,表现得很拘束,整堂课显得很沉闷,大家都不愿意发言了。我从学生的状态和反应中,感受到自己的负面情绪对他们的影响,所以,我有意识地调整自己的状态,学生回到了平时上课的状态,我也找到了自己上课的感觉。

愤怒的背后是恐惧和担心。我所带的班级男生多,活泼、好动,多次出现由于嬉戏打闹而引发的矛盾或安全事件,甚至还引起家长之间的纠纷,由此给我带来很多麻烦。因此,我看到学生的行为存在安全隐患,那种令自己恐惧、担心和痛苦的经历就会引发焦虑的情绪。面对负面情绪,我们不是想要打败它,而是应该接纳它,接受负面情绪给我们的信息,但是不要被它牵着走。情绪对我们是非常有用的,当情绪汹涌而来时,我们要及时地觉察到自己的情绪,正视并善待这些冒出来的情绪,因为这是观察它们、认识自己的好机会。

(本部分由陈莹莹提供,略有删改)

依恋关系的重要性

四月初的一天，我刚走到走廊准备去上课，就有学生飞奔而来，大声说："老师，扬扬坐在教室门口地上，说自己想自杀跳楼。"我赶紧跑到教室去查看情况。只见扬扬情绪低落，倚墙而坐。我问他怎么了，他低头沉默不言。我扶他起来，到教室外面又问了几次，他依然低头不看我，只是说："活着没意思。"直到我问他："是家里的事，还是学校的事？"他才缓缓开口："老师，是家里的事，你帮不了我。"之后，又开始了沉默。在扬扬处得不到信息的我，选择先让他回班上课，并嘱咐班长时刻注意扬扬的动向。

下课后，我联系了扬扬的妈妈。从他妈妈处得知，在前段时间扬扬的爸爸和妈妈发生争吵，爸爸把和妈妈早已离婚的事告诉了扬扬。之前怕离婚对孩子有影响，怕孩子觉得自己失去父母的爱，两人一直瞒着扬扬。这次爸爸不仅带走了扬扬，还拉黑了妈妈，不让其与妈妈联系。然后，她开始抱怨孩子爸爸的种种不是，还让我跟孩子爸爸说说不能这样对待孩子，孩子自小和妈妈生活在一起，虽然抚养权在爸爸那，但不能让孩子不联系妈妈，要多考虑孩子的感受，要不然她就走法律程序了。在这个过程中，我终于明白了扬扬这学期没之前活泼，课堂上注意力不集中，不愿与人交流，并且学习成绩也下降的原因。我就把我的发现和在书上看到的依恋关系的重要性给扬扬妈妈说了说。扬扬妈妈也意识到了依恋关系被破坏所带来的后果。当然,我拒绝了扬扬妈妈让我去给扬扬爸爸传达她的请求的想法。我跟她说:"你们夫妻之间的事,需要你们自己去解决。我能做的就是在学校多关注孩子,开导孩子,去缓解孩子的心理问题。"之后,我找到扬扬,跟他沟通:"爸爸妈妈虽然分开,但这不是你的问题,而且他们对你的爱依然没有减少。你要努力创造你的人生,你是值得被爱的。老师和同学都喜欢你,让我们一起努力创造自己的人生。"

在以后的学习生活中,我比以前对扬扬的关注更多了,也时刻表达对他的爱。扬扬的爸爸也主动联系我,不时地询问扬扬在学校的状态。三个月过去了,扬扬的表现在一点点地改变,状态变好了,考试成绩也好了。

案例分析

第一,关于孩子。

行为问题的背后,几乎都是关系问题。案例中扬扬的行为表现就是由于父母吵架离婚,自己又被强行带离妈妈,导致扬扬的依恋关系被破坏。而依恋关系是孩子与父母之间的心理脐带,这种关系不被看见,所有的爱都无法有效地传达。这也就是尽管扬扬的父母都爱扬扬,但对扬扬来说,他无法感知到这份爱。

而且,孩子需要在关系中找到方向。确定方向是人的本能,也是一种天性,一旦迷失方向,就会痛苦迷茫。谁能成为孩子的航标,完全取决于孩子更依恋谁。扬扬从小和妈妈生活在一起,更依恋妈妈,和妈妈的分离让他失去了方向,再加上他的内心没有被父母看见,他变得脆弱、敏感,注意力不集中,学习成绩下降,甚至出现了跳楼的想法。而这恰恰说明,他希望自己被看见,他在向我发出求救的信号,因为孩子身上出现问题都是在向成人求救。

孩子的逃避其实是他们的一种自我保护，他们会逃避那些让自己变得更脆弱的东西，而只有依恋关系安全稳固了，孩子才会有多余的精力去勇敢探索未知的世界。当后期扬扬的爸妈认识到离婚争吵带给孩子的负面影响时，他们努力去修复与孩子的依恋关系，所以扬扬在逐渐地变好。

第二，关于自我。

面对扬扬妈妈的请求，我选择了拒绝。因为家校共育的角色和责任决定了其中的界限，而且老师不是救世主，也解决不了家长夫妻间的问题。我们要做一个有边界感的老师。

面对扬扬的情况，我选择了帮助他修复依恋关系。一般来说，对一个人产生依恋，主要有两种方式。其中一种就是原生关系的自然衍生，也就是派生关系。我对扬扬的关爱使得我们之间建立了良好师生关系，这就属于派生关系。这种关系为孩子创造了一个安全保护圈，不仅不会破坏依恋关系，还为孩子和父母的关系搭建有力的保障，会让孩子更加重视与父母的关系。我和扬扬形成的派生关系也使得扬扬打开了自己的心门，打开了学习的思维大门，激发了他的上进心。还有，作为老师，我们也要知道孩子的上进心并不源自他的性格，而是和他的依恋关系密切相关，所以我们要解决的是依恋关系，而不是行为本身。

（本部分由赵晓露提供，略有删改）

朗读风波

"老师,我不服,我对小念的测评结果不服。"测评刚结束,恩博就跑过来抱怨。

"是呀,小念给小浩都打了三颗星,恩博只有两颗星。"跟着他的小渊说。

恩博更委屈了:"我不相信小浩能读得那么好,满星。我对评委公布的结果有质疑。"

这时,站在一旁的小乔说:"小浩或许真的能读好,我们组小宇今天就读得特别好,正确、流利,有感情,评委也给了他三颗星。"

说着,小宇被拉过来了。小乔说:"小宇,你读给大家听听。"

小宇拿出语文书,笔直地站在那里,诵读起《采薇》。刚一读完,周围就响起了掌声。

"你们看,是不是正确、流利,有感情?'行道迟迟,载渴载饥','载'读得准确;'我心伤悲,莫失我哀!'语调低沉,稍有延长。"小乔兴致勃勃地说着。

原本还有些怒气的恩博平和了很多,说:"孙老师,要不然我再给你读读吧?"

旁边的同学说:"就是老师,让他也给你读读,看看是不是三颗星。"

我说："不行，评委是各组选出来的，并且在全班进行了朗读展示，是得到你们同意才确定的。既然你们选出了他们做评委，就要相信他们，也要尊重他们。测评时，小念是她的评委，我们就要尊重小念的测评结果。如果你对你的结果不满意，可以找评委询问，了解问题出在哪里。也可以再次朗读测评，但还是需要找原评委测评。"

这时，小念也被大家叫过来了。在一圈人的见证下，恩博读起了《匆匆》。

读完，小念说："这次我给你评价三颗星，因为你读得正确、流利，有感情，尤其第一段的三个问句，我觉得读出了作者的疑问。"

看到恩博的脸上有了微笑，我问："这次的结果还满意吗？"他笑笑说："我上次测评时不够专注，受了别人的影响，光想笑。我现在知道三颗星的标准了。对不起，小念，我之前说你不公平。"

"没事，我很公平，所以我不在乎你怎么说。不过这次你读得真的很好！"

案例分析

第一，关于孩子。

恩博看到黑板上写下了那么多得三星的同学的名字时，他的自尊心受到了冲击。追求完美是每个孩子的天性。孩子渴望别人对自己有高度的正面评价，借此来满足自己的自尊需要。孩子发生错误导致失败时，不想得到不好的评价，于是就通过找与自己无关的借口，来维护要强的自尊心。这才有了事件开始时的那一幕，借由"小浩都能得三颗星"，来质疑小念对自己的测评结果。当听到小宇的朗读时，他或许被震惊了，这时他开始进行自我对照，才有了再读一遍的要求。小乔的评价给了他明确的标准,对照标准,对自己第一次测评进行了自我评估,第二的朗读才有了很好呈现。小念的表现和第二次测评的结果让他意识到了自己行为的问题,有了自我调节的能力,愿意主动面对错误并寻求修复。通过这次朗读风波,恩博学会了从观察反思中不断修正和发展自我认知。

小念是个内心清明并且能欣赏和赞美同学的女孩。面对恩博对她的质疑时,她能很好地控制自己的情绪,做好自己。再次评价恩博的朗读时,她准确观察和理解了同学的行为,并能够感受到他的努力和成绩,很自然地有了最后对恩博的欣赏和赞美。清明的内心让她能够理解和控制自己的情绪,并能够以积极的方式表达和分享情感。

第二,关于自我。

整个事件中,我没有过多干预,只作为一个倾听者。因为孩子是自主学习者,具有处理问题和解决困难的能力。应该给予学生足够的自主权,让他们在面临问题时主动思考、分析和解决。这并不意味着完全不干预学生的问题。当恩博要求再给我读一遍时,我认为他来找我的原因是想用教师的权威更改李念的测评结果,当我明确告诉他,我们要尊重评委,其实也是告诉他这里没有权威,只有规则与标准。这其实就是教师给予孩子自主解决问题时的必要的指导和支持,当我们给了孩子尊重与爱时,孩子会带着这份指导和支持更好地完成自我成长。

在爱和自由的教育理念下,不仅让学生学到了爱和尊重他人的价值观,懂得如何与他人和平相处,还为教师提供了一个全新的发展空间,不断学习、发展能力,更好地伴随孩子成长!

(本部分由孙静提供,略有删改)

你在家里被惯坏了

中午延时，第五组学生值日，我交代好小组长之后，带着其他学生到区域游戏。没想到上楼后，一进教室，组长就找我说刚才几个同学闹矛盾，没有值完日。同时，莹莹抽噎着跟我说："老师，他们老说我，但是我不是他们说的那个样子……"这一句还没说完，情绪又被回忆勾起来，哭出了声音。

"你感觉被误解了是吗？我知道你现在很难受，你先哭一会儿，等你感觉好一点，我们再来解决问题。"我在一旁安静地陪着她。

等她情绪稳定下来，我叫来三个孩子核实情况。原来是因为值日时莹莹分到摆桌子的任务。可她总是发呆或动作慢，完成得不好，于是诺诺说她："你在家里就是这么懒，被惯坏了。"睿睿也在一旁说了她几句。

我回应诺诺和睿睿："你们的语言让莹莹很不舒服，这是她的感受。我们需要尊重每个人的感受。"

莹莹很生气："我才不是他们说得那样被惯着的！以前也是这样，他们总是说我。有一点做得不好，都说我。我都一直忍。真的忍不了，我才会说出来，就像在家里一样。"

听到这，我知道了问题的关键，因为和她的家长沟通过，知道莹莹妈妈是护士，工作特别忙，而爸爸一直在外地，很少回家。平时爷爷、奶奶照顾莹莹和她的小妹妹，可他们性格急躁，又更多关注妹妹，所以莹莹经常处于被忽略、被要求或被指责的环境中，用妈妈的话说就是"莹莹的自我效能感比较低"。

我看着莹莹说："你在家里被家长误会或者是责骂时也会像现在这样，用哭或语言来表达你的感受吗？"

莹莹一下愣住了，呆呆的，好像陷入了回忆。过了一会儿，她摇了摇头。

"我欣赏你今天能够清晰地说出自己的感受。在家里被家长责骂让你很委屈。你把情绪压抑和积攒下来，不表达，今天又被同学这样误解，让你想到家里的场景……"

莹莹说："老师，我今天这么生气，不是因为在家里，就是因为在学校。从一年级起，我就一直惯着诺诺，可她自己还不知道，今天还说是我被惯着！"

我回应："不论你在学校还是在家，如果事件发生时就能告诉对方你的感受，可能会减少一些误会。"

接着几个孩子明白了自己在这件事中的问题。我询问他们三人是否能自己解决问题，孩子们点点头。我表示如果需要时，我随时会协助他们解决。

看着三个孩子最后解决了问题，我的心里却难受起来，因为我小时候被忽略和被误解的体验时不时地在脑海中反复跳出来。我觉察着，调整着，慢慢恢复了平静。

案例分析

第一，关于学生。

首先，莹莹今天能够条理清晰地表述自己的感受，她知道这次不是因为在家里的事件，只是因为在学校出现了矛盾，才引发的情绪，这都说明莹莹在情绪的认知和界限感方面对自我的认识比较清晰。

其次，莹莹的话中有几个重要的点：第一，是"在家里被惯着"这几个字刺伤了她。因为在家里她是姐姐，总是被家长要求，要让着妹妹，所以她并没有觉得是被惯着的。而被同学这么一说，勾起了在家里不好的体验。被同学评价和贴标签，她感到愤怒和委屈。第二，莹莹说自己被别人指责时总是忍着，等受不了了才爆发。所以遇到不公正待遇时总是隐忍不发，是她一直存在的问题，这和家长对她的忽略或过分要求有关，尤其是父母。我们都知道：孩子和父母之间的关系，就是孩子和这个世界之间的关系。如果父母能够用健康的人格给孩子创造有爱的、包容性的环境，孩子能够被良好的态度对待，那么他（她）就能把这种关系模式刻入生命，并带到以后和他人的关系中去。显然，莹莹没有被足够的爱和安全感滋养，反而是在家长那里因为习得性无助而不敢表达自己的感受。第三，莹莹说在和诺诺的关系中，一直是她在惯着诺诺，而诺诺一脸茫然。可能是因为莹莹更加在意两个人的友谊，而诺诺更关注自己的感受，导致莹莹觉得自己在这段关系中付出更多，而诺诺对此一无所知。这让莹莹更加觉得委屈——我都这么包容你了，你却不理解我，反而也和其他人一样指责我，最终才会有积攒已久的情绪爆发。

第二，关于自我。

我非常理解莹莹的处境，甚至对她有些同情——因为我小时候也是父母工作忙，被爷爷、奶奶带大的，而他们重男轻女，总是偏向堂弟。所以我受到了委屈和不公正的待遇，也总是闷在心里，不敢表达。虽然和莹莹产生了共情，但我作为班主任，始终保持公正而客观的态度去对待三个孩子，并且在他们需要帮助的时候，及时介入。比如，看见并陪伴莹莹，让她将情绪发泄出来；帮助三个孩子层层剥离事件，找到解决问题的关键；给他们留出自我调整的空间和时间，并且随时提供支持。最后，我想，莹莹能对我吐露心声，是对我的信任，是因为之前和孩子的工作，让她从我们俩的关系中感受到了安全感和依赖感。所以，在接下来的相处中，我会更加关注莹莹的内心需求，并尝试和她的家长沟通，来帮助她慢慢修复创伤，协助她更好地成长。

（本部分由祝琳提供，略有删改）

妈妈说我笨

小蔡同学是我见过的比较特殊的一个孩子。人白白净净的，不太爱说话，但是做什么事情都是慢半拍，是班里唯一不会跳绳的孩子。而且，他已经8岁了，从来不敢自己下楼梯！他的存在感也很低。在刚开始的一段时间，我和卢老师都没有听过这个孩子说一句话，就是在读书的时候也是只张嘴而不发出声音。孩子上课经常发呆。

有一次，小蔡同学的眼镜丢了。他非常慌张，放学路上一路念叨着："怎么办，怎么办？我不敢回家，我妈妈又会说我笨。怎么办，怎么办？"

下班回家，我经过操场，那时已经距离学生放学一个多小时了，我看到小蔡同学顺着操场的小道一直在寻找什么。

我上去问他："怎么还没回家？"

孩子回答："妈妈说我太笨了，眼镜都能丢。我必须找到才能出去。"

这时，我看到门岗阿姨也在寻找某样物品。她说："小蔡的妈妈在门口训他，说眼镜丢了，她让我也帮着找一下！"

我愣了一下，和小蔡说："天已经黑了，我出去和你妈妈说一下吧，咱们明天再找，或许谁捡到了放在少先队了呢？"

我让小蔡去少先队寻找眼镜。孩子和我说："妈妈说她小时候很笨，所以我也很笨，什么都学不会，眼镜都能丢，怎么不把自己丢了！"

小蔡沮丧着回到教室，哭着说："还是没有找到，怎么办？我太笨了。"

于是我给他的妈妈打了电话，告诉她："眼镜确实没有找到。丢了物品和笨没有太大的关系。我们给孩子一些时间，并且可以试着去发现孩子身上其他的闪光点。带着欣赏的眼光看见孩子，我们一起加油吧！"

这学期的非笔试测试中，小蔡同学的数学测试全部是满星，语文非笔试测试中语言组织概括能力算是班中的佼佼者。期末总结会上，我和卢老师请他分享，他支支吾吾地说不出话来，但隐约看到了他的笑脸。

综合各项学科数据，我们决定给小蔡同学颁发"三好学生"的奖状。颁奖那天，我和卢老师公布"三好学生"的名单，小蔡同学羞涩地上讲台接过奖状，脸上洋溢着灿烂的笑容。那一刻，我无比轻松，极为愉悦。

案例分析 🔍

第一，关于学生。

孩子的智商有问题吗？妈妈天天在耳边说自己笨，可想而知在这种氛围中孩子怎么会聪明呢？任何孩子从相信自己笨的一瞬间起，眼神便黯淡无光了，言行举止也随之"笨"起来。妈妈在小的时候就学习差，所以自然而然地觉得自己的孩子不能超过自己。自身的能量特别低，几乎没有什么能量和热情去回应孩子，久而久之，孩子的需求得不到回应，就会慢慢变得不想说话。

孩子觉得自己是笨孩子，当得到老师的表扬时，他有点惊讶，他已经把妈妈对他的评价完全合理化了,并且开始习惯性地自我攻击。怕自己表现好,就打破了妈妈的这种认同,但是每个孩子天生渴望优秀,在这种纠结中孩子就慢慢麻木了。小蔡同学支支吾吾但又很想表达一些什么?

那么我们应该做些什么呢?首先要帮助孩子突破限定,这种限定是他人给的,并不是真正的自己,需要来自成人的耐心、肯定和抚慰,在心理上帮助孩子克服沮丧和懦弱,建立再次尝试的信心。虽然小蔡同学做什么都很慢,但是我们不能拿他和其他同学比,要让他和自己比,只要有一点进步,就多鼓励。

第二,关于自我。

我为什么会关注到这个孩子呢?因为在这个孩子身上,我想到了自己。被父母否定的那个孩子,终其一生都在为了得到父母的认可。越是从小没有感受到重视与爱的孩子,这种渴求越强烈,在长期努力依然求而不得时,会成为内心的一道暗伤,时不时隐隐作痛。就像小蔡同学,他语言表达能力明明很强,可他不爱在老师和同学面前说话,他渴望被看见、被关心。

人性最深层的需要就是渴望别人的赞赏,这里的"别人",多半是父母,毕竟父母是孩子早期唯一的观众。曾经的父母,吝啬表扬、赞美和认同!

每个人都有两次人生。第一次人生是由成长环境决定的,是你人生的底色;第二次人生是你自己选择的,它是一种你向往的人生状态。原生家庭是人生的底色,但是我们可以想办法重新"养育"自己,构筑自己的"第二次人生"。

(本部分由史彬提供,略有删改)

接纳孩子的"慢"

心心是一名外表文气、内敛清秀的女生，她的数学成绩一直处于班级中下游。学期初，每当组长交"pace 作业"时，总是告诉我，我们组的其他同学都写完、批完了，但心心还没写完，我们怎么催她，她都不着急。

反复几次之后，我便格外关注她，我发现她不是不会，也不是有意拖延，就是整体上慢半拍，她的思考和书写速度慢。仔细观察后，我发现她只是思考的时间过多而已，但是书写特别规范。所以，我并没有对她加以责备，更多的是耐心等待。

她的组长特别认真负责，因为她的延迟，导致大家作业不能按时上交，所以会有迁怒的语言。我就告诉小组长，以后可以先将本组的作业交给我，心心做完之后让她自己交，不用催她。心心听完这些话后，明显更轻松了一些。在学期中，我发现心心的速度有所提升，但还是慢于大多数学生。她就是在不紧不慢的环境中过了一个学期。

临近期末考试，在做一些综合性练习题时，我发现一些孩子因为基础知识不牢而做题速度下降，也有一些孩子速度快，但是正确率不高。令我惊奇的是，心心稳中有进，在不慌不忙之中，在规定时间内，正确率很高，反而后来者居上，在班里不显得慢了，而且期末考试成绩有明显进步。

案例分析 🔍

第一,关于学生。

心心之所以"慢",一是因为"慢"是一种天生特质。每一个孩子都有自己的接受速度。她在接受问题时不属于一点即透的孩子,所以她才会表现出比别人慢的状态。但是我发现她并没有讨厌自己,在全组同学的催促之下,她还是保持自己能接受的速度进行学习。这说明心心有清晰的自我意识,不会因为他人的评价而改变自己,她内在自我的力量是非常强大的。二是因为心心的"慢"源于她对自己的不欺骗,她没有不求甚解,没有草草了事,她必须彻底消化,搞清楚之后再动笔,在这一点上她不迁就自己。每个孩子对知识都有本能求真的需求,而心心就是在这种需求的指引下进行学习的。三是因为心心的"慢"源于她在内部不断地整合、不断地消化,知识的内化、深化是在孩子内心发生的,需要她自己完成,别人无法代替。她必须让这个过程发生,这是她与知识连接的方式,这就是她的节奏,也是她与众不同的特质。

第二,关于自我。

我能发现每个孩子都是独特的个体,能看见孩子内在的需求。当我发现心心的独特之处后,不用世俗的标准干扰她,没有打破她内在的平静和秩序,给予了更多理解与尊重。我所做的只是静静地等待、默默地支持。我想,顺应了本能和规律的支持才是最有力量的,就让这一切自然而然地发生,这是正确的儿童观。

心心身上有一种力量让我特别钦佩,那就是坚定的核心自我,不被外界影响,这是我所欠缺的部分,当看到后就忍不住想保护她的这部分。仔细回想,我的童年也有被别人指责,被别人没有耐心地对待过。所以这种保护既是对心心的保护,也是对我"内在小孩"的保护。

(本部分由王洁提供,略有删改)

我感觉很委屈

我们班有一个男孩子，总喜欢在课上随便接话，提醒了好多次，并没有改变。所以我们在使用小口令的时候，同学们在潜意识里都会觉得是这个孩子在讲话。每一次我喊出"批评"，同学们都会很自然地接上这个孩子的名字。刚开始的时候，我并没有意识到这样的行为对这个孩子影响有多大。

有一天我在上课的时候，班里有几个同学在讲话，我就停止了上课，喊小口令"批评"，班里的同学又很自觉地喊出了这个同学的名字。这个同学就很生气地在班里喊"不是我，我没有讲话"。听到这里，我突然意识到，我这样不制止的行为，可能会对这位同学产生很严重的影响。

所以我就暂停了讲课，对这位同学说："小郝，虽然刚才讲话的不是你，但是你这样接话的行为确实影响到了大家，是这样吗？"这个孩子并没有回答我，而是流下了眼泪。在这个时刻我能感觉到他的委屈，但是为了不影响上课进度，我只能告诉他，下课我们再来解决这件事情。

下课后，我拉着小郝的手，对他说："小郝，老师知道上课说话的不是你。你听到同学们喊出你的名字，觉得很委屈是吗？"

孩子点点头。我接着说："虽然讲话的不是你，但是当别人喊到你的名字的时候,你大声喊叫的行为确实影响到了课堂秩序。是这样吗?"

孩子又点点头。这时候我明显感觉到他的情绪在一点点地流淌,并且认同了我说的事情。所以我又跟他说:"遵守课堂秩序是一件非常重要的事情。你知道吗?"

孩子点点头。然后我们就结束了这次谈话。

我以为这件事情已经结束了,但是到下午的时候,这个孩子又哭着跑过来找我。但这时候我已经意识到发生了什么,一定是上午的问题没有彻底地解决掉。

我就问他:"小郝怎么了?怎么又哭了?"

孩子说:"刚才我们在玩的时候,不是我推了他,可是他们说是我。"

我问:"所以你现在觉得很委屈,需要在这里哭一下吗?"

孩子说:"好的。"

然后我就让他坐在办公室的凳子上,痛痛快快地哭了一会儿。这时候数学老师来了,对他说:"小郝,你可以去帮老师拿个作业吗?"他欣然地答应,走出了门外。作业拿回来的时候,他已经很开心地笑了。

案例分析 🔍

在这个孩子身上,情绪波动了两次,并且非常明显,都觉得别人冤枉了他,觉得自己很委屈。我在处理这件事情的时候,我发现我能很明显地感觉到事情发展不对的地方,所以我做了及时调整,我觉得这是我有意识觉知自己的地方。因为我知道当孩子出现问题的时候,可能就是他身边的大人出现了问题,这个人可能是老师,也可能是家长。

孩子情绪的波动是很明显的。他觉得自己什么都没有做,而别人冤枉了自己。班里的孩子在潜意识里觉着老师一说"批评"，就是要批评这个孩子，所以都不自觉地喊出了他的名字，是因为这个孩子之前有太多打扰课堂的行为。产生这样行为的原因，一方面，孩子是家里的独子，爷爷、奶奶比较惯，没有养成良好的规则意识，另一方面，我没有彻底地解决他上课说话的这个问题，只是依赖了小口令。

现在孩子明显是有情绪的，我需要做的就是让孩子的情绪宣泄出来，并帮助他理清事情的经过，让他知道老师并不认为他是错的，对孩子进行及时的肯定就能起到很好的心理疏导作用。

每一个孩子对情绪都有天然表达，哭就是最简单的表达的一种方式。一年级的孩子可以很流畅地表达这样的情绪，所以我对孩子传达的态度就是：你可以哭，可以这样表达自己的情绪。在情绪表达完成之后，帮他建立简单的上课规则意识，并进行强化。

（本部分由赵宜茜提供，略有删改）

让孩子做自己的主人

周一中午延时督导，我刚上三楼就听到吵闹的声音，看到走廊上两个男孩扭打在一起，骂声一片，我赶紧跑过去制止他们。

当时，只见一个男生揪着另一个男生的衣服，嘴里骂骂咧咧的。被打的孩子淡定地看我一眼，丝毫没有要向我求助的意思。打人的这个孩子想知道我是什么反应，试探性胆怯地瞅了我一眼，但还没有要放手的意思。

我正想靠近听听在吵什么，要把他们拉开，被打的孩子说："老师，没事，我们先自己解决。"

打人的孩子还没松手，紧接着说："你赶紧还我钱。"

被打的孩子依然很淡定地说："我是要还你钱，但不是现在。"

"那你准备什么时候还？"

"在规定的期限内还给你就是了，但具体什么时间还是我说了算！"

"我只是想提醒你，快点还我钱，我要买东西。"

"放心吧，我会尽快还的。"

"我今天带了一个好玩的，你要不要一起去玩？"

就这样，问题解决了。两个男孩搭着肩离开了。我就这样在旁边一直看着他们离去。

案例分析 🔍

第一，关于学生。

在整个事件中，被打的男孩的反应让我感到震惊。他的内心清明，自我边界清晰，他知道引起这件事情发生的根本原因在哪里，他也明白对方有情绪的原因和当下的心理需求，即担心是不是以后都不再还钱了，而不是何时还钱这个时间问题。所以就先表明了自己的立场：钱我肯定是会还你的，不会赖账，这点你放心，但是时间上我自己决定。这句话让对方悬着的心放了下来，激动的情绪得以流淌，心理上就开始接纳这件事情，整件事情就顺利地解决了。

第二，关于自我。

刚开始看到他们扭打在一起，我的第一感觉是必须尽快把他们拉开，因为我是延时督导负责人，我的责任和义务就是不能有任何安全问题发生。当我走近时，他们看到我后依然淡定，我突然有些愤怒：老师都走到你们身边了，你们还都不松手！感觉作为教师，我的权威受到了威胁，感觉两个学生没有把老师当回事儿。但同时也激起了我的好奇心：我倒是要看看你们要怎么解决。所以接下来我在旁边保持安静，看两个孩子如何解决问题。

我们在处理孩子问题或者纠纷时，不要先入为主地用成人的权威来控制这件事，而是在安全范围内，尽可能多地给孩子时间和空间，孩子们在自己处理问题的过程中对问题有了清晰认知，他们的生命也就是这样一步一步发展的。

（本部分由冯文静提供，略有删改）

赞赏和鼓励是孩子进步的良药

　　网课刚开始的一周里,我发现班里的一对双胞胎姐妹欣欣和佳佳的学习状态很不对劲。平时上课积极活跃,在网课里却沉默不语,从不连麦发言。作业不仅不按时提交,而且总是错题连篇。终于,在一个晚上,当我发现两人提交的是同一份作业时,我愤怒了,直接拨通了双胞胎妈妈的电话。

　　一接通电话我便一股脑儿向欣欣妈妈指出了两个孩子的一系列问题,并表示了自己的担忧:网课期间如果一直持续这样的状态,孩子们的学习恐怕会落后一大截。

　　欣欣妈妈立刻表达出了自己的内疚:"我和孩子爸爸一个在社区上班,一个在物业上班,最近也是因为疫情我们都特别忙,都是孩子自己在家上网课,没有了解到是什么情况,确实是对孩子们少了很多关照。"

　　看到欣欣妈妈情绪有些失落,我好像意识到了什么,便转变了态度:"我十分理解上班族的难处,我家里也有孩子,现在又要在家里上网课,一边工作一边照顾家庭,有时候真的是感觉顾不过来。"

　　听到这里,欣欣妈妈感激地说:"谢谢老师的理解。"

　　我接着说:"我今天忍不住跟你沟通,实在是觉得欣欣和佳佳这两个孩子平时在学校一向表现很优秀,积极向上,学习基础也比较扎实，学习能力也强。要是因为这次疫情就把学习甚至学习习惯给落下了，感觉挺可惜的。"

欣欣妈妈主动问道："老师，那我应该怎么做？"

于是，我提出了三个要求：第一，每节课两个孩子必须保持连麦，以便老师随时提问；第二，两个孩子的作业必须各自独立完成并分开提交；第三，每天作业必须按时提交，不得拖拉。

接下来的几天，双胞胎姐妹的学习情况有了很大的转变，明显感觉家长的干预起到了作用。我在每一次的作业批改后面都加上了鼓励性的话，逐渐发现孩子的作业不仅完成得越来越好了，上课还更加积极主动发言了。

有一天，欣欣妈妈发来微信："陈老师真是教学有方啊！孩子们在您的鼓励下真是像吃了棒棒糖一样，越来越好了，变得喜欢上数学课了，也积极地去完成作业，不用我催了。"

我回复："离不开您的配合，还有孩子本身就有想改变的愿望，继续加油！"

欣欣妈妈高兴地说："一定配合好您，老师！"

案例分析

第一，关于学生。

每个孩子都有希望受到家长和老师的重视的心理。欣欣和佳佳一开始就是被忽略的，父母因为工作的忙碌缺少了对她们的关注。不被关注的孩子，往往觉得自己不重要，也会觉得自己所做的事情也不重要，自然就会敷衍了事地对待学习这件事。可是，当有一天，她们发现原来一直有人在默默地观察她们，对她们的情况和动态了如指掌时，就会意识到："哦，原来我也是如此重要，我做得好与做得不好并不是无所谓的。"再加上因为老师的作用，父母也对她们投入了更多关照。在双重的"看见"和"爱"的包围下,孩子们渴望被重视的需求得到了满足,就会开始考虑做出一些改变。孩子们一开始的改变是带有试探性的,让她们欣喜的是:一旦有所改变,就会得到赞扬,这让她们的心中产生了荣誉感和骄傲感。而来自老师的持续赞扬和鼓励,强化了孩子做出改变的愿望:"我变得越来越重要了,所以我要做得更好。"这样的信念,一旦在孩子的心里种下,无论对于任何一件事,他都会主动地朝更高的标准去努力。所以说,赞赏和激励是促使孩子进步的良药。这也让我认识到:一个孩子越是被看重,他就越看重自己以及所做的事。

第二,关于自我。

当我对欣欣妈妈打出电话的那一刻就已经带着深深的焦虑了,我直截了当地指出了孩子存在的问题,通过这样的方式成功地把焦虑传递给了家长。可能我的潜意识里就带着这样的目的,觉得只有引起了家长的焦虑,才说明这件事得到了对方足够的重视。事实上也是如此,欣欣妈妈不仅焦虑了,并且还内疚了。

反过来,欣欣妈妈的内疚引起了我的觉察,我突然意识到传递焦虑并不能解决问题,并不能使我们之间有效沟通。于是,接下来我改变了策略,先是表达了对家长的理解。网课不仅对学生,对家长来说,也是一个挑战。尤其是身处特殊岗位,疫情期间担负着更重要的责任,工作上的压力显而易见。我并没有只关注孩子的学习,要求家长义无反顾地进行配合,虽然这也是家长作为监护人的责任;而是用自己的亲身感受,表达了对家长的共情、理解,让家长真切地感受到老师的看见与理解,这成为家长愿意接纳老师的建议的基础。

接下来要做的就是帮助家长树立信心。我通过放大孩子身上的优点,通过对孩子的称赞,让家长紧张的心情放松下来,相信孩子出现的一系列问题都是暂时的,相信通过努力是可以改变的。这有利于对方接受我下一步的建议,也直接影响了欣欣妈妈教育孩子时的态度和执行力。

(本部分由陈琼琼提供,略有删改)

陪你走向更强大的自己

今年我新接了一年级，想到要面对一年级这些未知的孩子，我的心里有些慌乱。

有一次中午延时，我正准备回到办公室，有老师对我说，沐沐不想吃饭。于是我走过去，想问问沐沐发生了什么。这时我看到沐沐两眼泪汪汪的，而且眼睛红红的。我轻声问他："沐沐，你怎么了？"

听我这样一问，他的眼泪夺眶而出。为了不影响其他孩子，我想把沐沐叫到办公室，和他聊一聊，看看到底怎么了。走到半路，沐沐停下来，怎么也不去办公室。

于是我抱住他，对他说："沐沐，老师现在能感觉到你有些难过。你可以自己安静地待一会儿，等一会儿想说话的时候再和老师说一说到底发生了什么，好不好？"

他看看我，点了点头。过了一会儿，他低声对我说："老师，我想妈妈了，我想回家……"说着说着，眼泪又情不自禁地夺眶而出。

我蹲下来，握着他的手，柔声细语地对他说："沐沐，你离开自己的妈妈，见不到妈妈想妈妈，老师很理解。老师离开自己的妈妈，也会想妈妈的。但是从今天开始，你已经不再是幼儿园的小朋友，而是一年级的小学生了。你要学着自己独立面对。你看在学校上学，在课间有小朋友陪着你一起玩耍做游戏,上课时有老师陪着你一起学习,在学校过得也很快乐呀。回家以后我们就可以见到自己的妈妈了。沐沐是个小男子汉,老师相信你今天在学校一定能做到的,做好自己不让妈妈担心,你说是不是?"

听到我这样说,沐沐此时已经平静了许多。他接着看着我,问道:"老师,我能不能和妈妈视频一下?"听到他这样说,我想也许和妈妈说说话,他的心情会好一些。于是我拨通了他妈妈的视频电话,先和他妈妈说了一下他的情况之后,让他和妈妈聊了一会儿。后来在他妈妈和我的鼓励下,他终于又回到班里去吃午餐了。

后来我正在吃饭时,看管延时的老师给我打来了电话,接过电话,那头传来了沐沐的声音:"老师,你去哪里吃饭了? 你什么时候回来呀?"我对他说,我一会儿就回去。

在我回到办公室时,我发现沐沐已经在那里等着我。在我们班李老师的安排下,他正在安静地做着什么。我过去时,他没有多说什么,只是平静地做着自己的事情。我鼓励他再一次回到班里,融入集体,参加了中午的延时活动,很自然地和同学们在一起,一直安然地度过了下午的在校时光。

案例分析 🔍

第一,关于孩子。

沐沐一开始因为不能回家、见不到自己的妈妈而产生了情绪,心里难受,因此才在午餐时不想吃饭。之后通过我和他的沟通,他知道了自己要学着长大,要独立地勇敢面对,因此在获得来自老师的安慰和安全感之后,就勇敢地去适应在学校的生活,让自己坚强起来。对于沐沐来说,从来到新环境安全感的缺失,到重获了安全感,是让他融入集体生活的重要原因。

第二，关于自我。

在处理中，我一开始看见了沐沐的情绪，允许情绪在他身上"流淌"一会儿，让他知道情绪是可以被理解、被接纳、被包容的。后来我理解了对于一年级的小朋友来说，可能由于安全感的缺失，会让孩子不适应新环境。因此在后来我认真耐心地和他沟通，帮助他、鼓励他，让他获得安全感，学会独立地面对学校生活。并且在最后我回办公室看到沐沐在做自己的事情时，没有打扰，做到了不求不助，让孩子自然地专注当下，从而心理上心平气和，回归于正常。

教育是心灵的艺术。作为教育者，作为班主任，我们教育学生，首先要在教师与学生之间建立一座心灵相通的爱心桥梁。我们要充满爱心，也要充满耐心，走入学生中间，去询问，去了解，倾听学生的心声，点燃他们心灵深处的火花，鼓励他们奋发向上。我们要及时看见孩子，及时引导、沟通和陪伴，帮助孩子在之后的成长中遇见一个更强大的自己。

（本部分由刘俊钰提供，略有删改）

愤怒背后

　　我正在办公时，突然一声"仵老师"吸引了我，是我们班的一位任课老师。她跟我说，我们班的作业收不齐。我一时十分惊讶，心想："作业这不是学生应该完成的吗？怎么会出现不写作业的情况？家长也都没有关注过自己孩子没写作业吗？"

　　然后任课老师又跟我说，我们班孩子出现许多作业问题。我感到十分震惊，质疑自己班的学生竟然会出现这样的问题。我是怎么教他们的？

　　随后有一次下午大课间，刚进班门，一位同学冲过来告诉我："老师，老师，强强和军军打起来了。刚才，从走廊一直打到班级里面！"我瞬间脑子一嗡，胸口一股怒气上升，尤其是当我知道是男生自己去挑衅女生，还是他先动手打女生时，我的怒气冲上头顶，我非常严厉地批评了男生。随后我又十分震惊他们怎么会做出这种事情，我所教的班级里竟然出现了这种事件。这是我的班吗？我怎么会把班级带成这样？

　　在这样质疑、烦躁的情绪下，当天早晨值班，我没有到清洁区陪伴学生值日，就站在楼上向清洁区观望。我理所当然地认为：已经值日这么久了，学生们应该十分清楚自己的职责是什么，平时打扫得也不错，今天自己不到现场，打扫应该也没问题。然而，我望见的是他们闲闲散散地在聊天，有的还拿着值日工具追逐打闹。原本应该被拖得干干净净的地板被他们用拖把肆意乱抹，乱七八糟，直到铃声响了，他们才开始慢悠悠地回班。

回到教室后，我十分生气地指出他们刚才在清洁区的状态，批评他们散漫和不负责，并让他们把值日往后再延迟一次。

回到办公室，我又十分震惊这些学生是怎么了，怎么都变成了如此糟糕的样子。我十分质疑自己作为班主任的能力，是否能正确引导、教育好班级的孩子。

案例分析

第一，关于学生。

学生真的都变得有问题了吗？其实不是。孩子们还是他们最真实的样子，他们在我的课堂上还是一如既往地认真倾听，在活动上也是认真参与，在准备比赛上还是积极主动，在私下他们还是喜欢和我聊天。他们现在三年级，是一个既服从班级管理又有个人想法的时候，他们的社交也开始变得更加丰富起来，他们对待问题的方式有了自己的想法和态度，他们会积极表现，遇到问题时想自己处理，他们在正常的成长轨道上行走。

第二，关于自我。

作为一位老师、成人，面对学生，我需要保持冷静，但是受个人情绪的影响，我当时没有把他们当成一个个独立成长的个体，而是把他们看作自己的"附属品"，所以在别的老师说我们班学生有问题时，我会觉得有问题的是我，因为我不是一位好班主任，所以没能让他们一切都做好。

同时，在他们犯错误的时候，我觉得他们使我自尊受挫。我自己是做事情即便不争第一、第二，也绝对不能成为有问题的那个。但我把对自己的要求强加给了学生。他们在做错事的时候，我生气的来源是觉得丢人,所以才会无比愤怒。这种烦恼让我将重点放到如何发泄自己的愤怒、质疑自己方面,而忽略了学生真正面对的问题和情况,与学生相关的本质事情并未解决,而成了我的狂怒、无能。

愤怒的背后是脆弱。我的脆弱是我在这方面的能力薄弱,我缺少充足的经验和能力来清晰地解决学生的问题,所以选择用愤怒和批评来掩盖。我需要先面对自己的脆弱和短板,才能用更合理、平静的方式面对班级出现的各种问题,进行调整和引导,而不是一味地用指责学生和质疑自己来逃避班级出现的问题。

(本部分由仵启慧提供,略有删改)

过度内疚

我读中学时，是在市里的学校住宿，有次生病了给家里打电话，结果，妈妈因为特别担心，冒着大雨连夜从镇里赶来学校。我当时非常感动，之后却很内疚，内疚到自责，觉得自己一点都不会照顾自己，这么大的人了，还要父母如此操心。

结婚后，我的妈妈把这种担心转移到我的女儿身上，女儿感冒了，我的妈妈就担心得不得了，我对妈妈担心的内疚已经远远大于我对孩子生病的焦虑。

我可以承受生活、工作带来的压力，但我承受不了我的妈妈对我的担心和焦虑。有时候，这样的爱，让我感动得不敢动了。我希望我的妈妈拥有自己的生活，不是把所有的重心都放到我身上。但是每当这个时候，我对自己有这样的想法更觉得内疚：我的妈妈什么都没有做错呀，又对我这么好，我怎么能够这样想呢？内疚感让我很难受，为了避免自己对妈妈的内疚，所以我尽可能地避开妈妈，有事情也不愿意和家里说。

案例分析 🔍

合理的内疚是一个人的良知,我们需要通过内疚来测量自己和他人的边界。因为这些内疚感,可以帮助我们避免对亲近的人造成伤害。

如果说合理的内疚具有整合爱和恨的功能的话,那过度的内疚就会让我们不断地进行自我攻击,最后可能会导致痛苦和疏离。

为什么有人会有过度的内疚呢?人有本我、超我和自我三个部分组成,只有这三个部分协调统一,才不会产生冲突,不会出现心理问题。

本我,反映了人的欲望。超我,则是我们内心的约束和规范。超我过于强大的人,会认为很多本能欲望的部分是不好的,就会过于压抑自己的本我。

我们的家庭与文化,常常只允许孩子对父母表达爱,不满只能藏着掖着,所以被爱感动之余的不满(即内疚),会导致孩子自责,孩子常常会觉得自己不够好,就需要拼命地证明自己。

父母拥有自我,孩子才能拥有自我;父母拥有自己的生活,孩子才能拥有自己的生活。羁绊会被传承,爱和自由也可以传承。

(本部分由王萌萌提供,略有删改)

拥抱受伤的"内在小孩"

现在回想起来，真不敢相信昨天我的那次"路怒"，三十多岁的人了，还大吼大叫，情绪失控，弄得我的家人都吓呆了……

清晰地记着昨天下午，我和我的老公开着车出去采购食品。我们开车走在路上，我老公开车，我坐在副驾驶正和他开心地聊着什么，忽然从后面开过来一辆车，而且它还是变道超车，险些蹭到我们左边的车头，刚好前方100米，它停了下来在等红绿灯。我也不知道自己怎么想的，拉开车门就冲了出去，我愤怒地敲敲她的车窗，还没等对方开口，就朝司机大吼，言语中夹杂着愤怒、埋怨，我的老公当时也吓呆了（不是被超车吓到的，而是被我的行为和语言）。当时，我愤怒，大脑一片空白。可当我返回车上时，我觉得有些羞愧和委屈。我老公问我为什么那么冲动时，我没有说话，只是坐在那里想：刚才冲出去的那个人是我吗？我到底是怎么了？脑海中突然跳出的竟是我高中那会儿，我的爸爸经常开车接送我，每次他都会超车、急刹车，让我有不愉快的体验。

案例分析 🔍

我们内在不成熟的部分,总会在一些时刻跳出来,扰乱我们的思绪,甚至让我们有十分不愉快的体验。当翻开《别永远伤在童年》这本书时,我看到书中作者回忆自己陷入"愤怒—退缩"的循环中,我找到了痛苦之源。我明白了这次"路怒"的根源。

我脑海里出现了在自己小的时候,我的父亲经常开车带我们出去,可他的驾车习惯很不好,哪辆车超他的话,他就会加速超过去,并且骂骂咧咧。我记得他每次超车时,坐在后座的我都拉紧上面的扶手,心跳加速,出于对他的"恐惧",我的话到嘴边又咽了回去。随着我年龄的增长,这些恐惧、愤怒的情绪在我心里沉淀、发酵,并在我成年后突然跳了出来。

现在我明白了,就像书中所说,当一个孩子的发展受阻(愤怒或受伤的情绪被压抑)时,他(她)心里就会装着一个"易怒且易受伤的孩子"。当他(她)长大后,"这个孩子"可能会随时跳出来,影响他成年后的行为。

这么多年,我对自己的"路怒"一直耿耿于怀,满感羞愧,笔录于此,我也感到了释放。而对于父亲,我也由之前的埋怨变为理解,即便他现在仍然脾气不好,但我明白人无完人。而我也明白,虽无法选择自己的父母,但是我可以选择对待生活的态度。而如今我已经为人母,可以决定自己成为更好的父母。

(本部分由李文静提供,略有删改)

结　语

一

　　每个孩子都是一个鲜活的生命，是一粒种子，有的孩子会成为参天大树，有的孩子会开出美丽的花朵，教育就是给孩子们更多更好的机会，让孩子们"破土而出"，成为他们原本的样子。

　　在孩子小学阶段这一成长的关键时期，我们该为孩子播下怎样的种子呢？

　　一是健全人格的种子。我们致力于培养一个完整的、独立的、自我完善的人，一个心灵自由、自信安然的人，一个有安全感、归属感的人，一个高尚的、纯粹的人。

　　在一次座谈会中，保加利亚的一位教育家向苏联的教育家苏霍姆林斯基请教："您认为我们教育工作最主要的任务是什么？"苏霍姆林斯基毫不犹豫地回答："了解孩子。"

　　教师要了解孩子，就要在日常的教育教学工作中细心地观察孩子，要学会观察孩子们的两个世界——外在的周围世界和内在的精神世界。

　　作为校长，我一直将观察孩子作为教师专业化成长的抓手。我认为，观察孩子，就是透过一扇窗去了解孩子；观察孩子，是一门学问，更是一门艺术。正如教育家蒙台梭利所言：当你通过观察，对孩子的行为、语言有所触动时，你才会真正支持孩子、帮助孩子。而这样，你才有可能在生命深处与孩子相遇，教育才有可能真正发生。

我举一个特别小的例子：

　　一天上午，在一节二年级的语文课上，一个孩子竟然睡着了，老师没有叫醒他，只是轻轻地将他的头转了一个较舒服的方向，还示意周围同学不要打扰他。课后，老师给家长打电话了解了原因。原来，昨天晚上，父母带着孩子外出应酬，10点多才回到家，又逼着孩子把作业做完。家长听了老师的叙述后，既惭愧又感动，说：老师，我们太自私了，我们不该让孩子陪着我们在外面荒废时间，也不应该那么晚了还逼着孩子写作业。您才是真正爱孩子的那个人。

　　事情很小，微不足道，但是通过这个事例，我想说的是：我们一直在做的一件事，就是让广大老师能够站在儿童立场上做事情。上面事例中的教师就是一位有儿童立场的老师。她观察到睡觉就是那个孩子当下最大的需求时，允许了他；而且，事情并没有止于此，难能可贵的是，老师意识到，孩子休息不好深层的原因一定与家长有关，就第一时间与家长取得联系，不是告状，而是事实呈现，让家长意识到不必要的应酬给孩子带来打扰，以及什么才是真正的爱。瞧，这就是儿童立场，老师所做的一切都是为孩子提供支持。试想一下，假如老师不是儿童立场，而是成人立场，会怎样呢？她会把注意力放在自己身上，可能认为孩子上课睡觉是对自己的不尊重、是对课堂的不尊重，进而训斥孩子；可能为了全班孩子整齐划一地认真听课，就叫醒孩子、批评孩子；可能担心孩子跟不上功课，像孩子的爸妈一样，逼着孩子满身疲惫也要马上学习。但凡老师的意识局限在以上任何一处，这个孩子当时的需求就会被忽视、被践踏，甚至被打击。

　　因此，儿童立场和成人立场下的儿童的成长环境截然不同，儿童立场才是真正的爱，成人立场是功利的爱，这是完全不同的两个方向，儿童立场让孩子体验到的是被满足、被尊重、被支持、被呵护，而成人立场则可能对孩子进行打压或忽视。两个不同环境成长起来的孩子所形成的人格也绝不相同。由此可见，能遇到一位人格完善的老师，是孩子一生的幸运。作家张丽钧说：一堂完美的课，或许可以照耀学生一时；但是，教师完善的人格，足以照耀孩子一生。

我始终将教师人格的自我完善、对儿童的认知与了解、对专业的认识与攀升作为教师专业化成长的三大面向，借助读书、集体研修、观看视频、撰写观察案例、举行读书汇报会等不断帮助教师提升和完善自我人格，向着一名真正的教育者坚定地迈进。我们还构建了丰富的家长成长课程，用家长培训、家长公益讲座、家长读书俱乐部等丰富多彩的形式让家长了解儿童的认知规律，学习儿童心理及行为发展的特点，明白早年关系对孩子一生的影响，促进家长与孩子同步成长。当儿童总是能够从身边重要的成人环境中获得支持性力量，生命深处的需求被看见、被允许，健全人格的种子就悄然发芽，慢慢长大。

二是播下热爱学习的种子。一个孩子天然就有热爱学习的潜能，学校和老师能够做到的就是创造环境，提供资源，激发孩子学习的兴趣，让孩子发现学习的乐趣与价值，让学习成为孩子相伴终身的意识与能力。

兴趣是成长的内驱力，它将儿童引向了事物的内在，让儿童开始选择，而选择是意志的起始。儿童在兴趣的驱动下，经由感觉的过程，在外在世界找到的东西需要和内在的某部分契合，这一刻，认知就发生了。因此，只要环境提供了很大的自由，兴趣就随时可以被激发。

就拿我们的语文主题学科融合课程来说吧。十二月的主题是"和冬爷爷在一起"，老师为孩子设计了丰富多彩的课程内容与活动体验，孩子们齐诵主题诗《冬来到》，聆听主题歌《雪绒花》，分享心目中的冬天，许下愿望，学习课文《雪地里的小画家》，和朋友堆雪人、打雪仗，和爸爸、妈妈滑雪，认识洞里的大青蛙，了解动物冬眠知识，学习绘本《下雪了》《这个冬天不太冷》《雪孩子》，用笔画出冬天的精彩之处，玩《熊出没》的游戏，和同学们一起包饺子，进而深入了解冬至知识……就这样，孩子们饱含兴趣，在长达一个月的冬的主题课程的体验中，用画笔勾勒，用色彩描绘，用文字书写，用嘴巴诉说，用身体游戏，将冬天的美好刻进自己的生命中，在欢声笑语中分享沉甸甸的收获，展望未来，拥抱春节的到来。

除了主题学科、数学实体化、原声英语进课堂外，PACE教学［即根据Presentation（呈现）、Analysis（分析）、Conclusion（得出结论）、Extension（知识拓展）四个步骤对教学内容进行设计并实施教学］、爱和自由、音乐、美术、体育、科学课堂、讨论课等,所有课堂的构建,我们都从儿童成长的需求出发,把学习的主动权交给孩子。学习不再是"被迫"的任务,而是变成一件真正自主、有趣的事情。老师们不断地将理论学习、读书思考内化为对教育的理解、对活动的设计、对生命的尊重,用盛大的仪式、好玩的活动、新奇的过程、精益求精的精神为儿童创造生活的各种可能性。孩子们进而体会到,这就是学习,参与、活动、体验、思考、梳理、整合,一个个概念经由实体化的体验而内化于孩子的生命中,相关的概念又连接成网,形成概念群,概念群进一步组成系统,认知就这样形成了,就这样,我们悄然在他(她)的生命中埋下热爱学习的种子。

三是播下创新的种子。创新是民族生生不息的发展动力,我们要为孩子提供一切可能,让创新成为他(她)的意识与习惯。

就拿我校新打造的景观"TED"演讲台来说吧。科技是我校的办学特色之一,可以说,孩子们的发明创造每天都在发生,他们非常需要一个随时能够展示思考、发布创意的地方,因此,TED演讲台应运而生。每天大课间,孩子们拿着自己的创客作品,在这里向全校各个班级感兴趣的孩子讲述自己作品的由来以及制作过程,分享作品带给自己的思考和收获。台下的孩子专注地听,台上台下还热情互动。我时常看到,那些在课堂上坐不住的孩子最喜欢的地方就是这里,不仅听得专心,还时常发问呢。一旦兴趣被点燃,等待他们的就是无穷无尽的奇思妙想和探索发现吧。

再说说我校第三届科技嘉年华活动吧。活动恰逢新中国成立70周年,我们确立了"科技点燃爱国情"这一主题,号召孩子们用声光电装扮民族服装,以民族服装灯光秀作为此次嘉年华活动的第一个节目。我们特意将活动安排在晚上,还为每位学生都准备了一根荧光棒!华灯初上,一个个身着民族服装的小明星们闪亮登场了,全场观众在主持人老师的带动下,跟着音乐的节拍,集体挥舞荧光棒,体验一场前所未有的视觉盛宴。大家都没有想到孩子的创造力是如此强大,家长对孩子的支持力是如此强大,学校对活动的组织是如此重视!如果说,之前,孩子们还会有羞涩,有胆怯,有难为情,有犹豫,而在这个夜晚,灯光燃爆了整个校园,激情的小火苗在孩子心中欢快地跃动,每一个表演者内在的"王者"赫然站在"王位"上，自信大方地展现着最美的自己。我不知道一次活动会给孩子留下什么，我只知道，若干年后，当他（她）长大成人，一定会有那么一个活动在心里留下印记，将美好的瞬间刻在童年的记忆里！

小学是学校教育的起点，将为孩子一生的发展奠定重要的基础。以明天的视角培养今天的孩子，就意味着给了孩子一把适应未来的金钥匙。我们就是这样，用丰富多彩、不拘一格的活动、课程、环境，为孩子埋下创新的种子。

四是播下增长见识的种子。多见世面，给予孩子一切可能，带他们走过的路、见过的人，都将在他们的岁月里熠熠生辉，一直留存。

我们的学校是一所以外语特色见长的公办小学，作为西工区的窗口学校，每年都有多次中外友好访问活动，接待全国各地慕名前来参观的同仁，这一切都是增长孩子见识的好机会。学校每年一度的世界文化节，更是为孩子们打开了认识世界的大门，让世界走进校园，让孩子走向未来。还有读书节、体育文化节、开学礼、毕业季、感恩孝亲周等，我们领着孩子举行隆重的仪式，让孩子们感受生命的尊贵与美好，享受人生的幸福与喜悦。

童年经历，在相当程度上，决定着一个人的命运。有人说，假如你有幸年轻时在北京或上海生活过，那么你此后一生中无论到哪里，北京或上海都与你同在。如果孩子有幸在童年时接触过美好的事物：人、景物、动物、建筑、艺术品……那么，无论他（她）此后一生走到哪里，经历过什么，这种美好都会与之同在，温暖他（她）内心，赋予他（她）力量。我们相信，我们怎么对待孩子，孩子将来就会怎样对待这个世界。让我们和孩子在生命深处相遇，让教育真正发生，让一颗颗健全人格、热爱学习、创新创造、增长见识的种子，支撑孩子幸福美好的未来。

二

每个人都有各自的特质，我也一样，集多种特质于一身，从而呈现出一个与众不同而又独一无二的我。

我是一个专注的人。它为我带来深入、细腻、精益求精,同时,也为我带来片面、单一、自我设限。

我是一个较真儿的人。它为我带来严谨、独特、尽善尽美,同时,也为我带来僵化、固执、咄咄逼人。

我是一个有感知的人。它为我带来灵活、自由、富有弹性,同时,也给我带来摇摆、犹疑、优柔寡断。

…………

我就是这样一个矛盾综合体,在这个充满温情与挑战的世界,我感受着身上的每一个特质,并体验着每个特质带给我的回应。

我每天都会让自己精致而美丽,活给自己看,也让自己成为这美好世界的一个分子。

我常常能将工作做到极致,从整体策划到细节落地,从角色定位到分工合作,逐一搞定,总能体验到"经历一番寒彻骨,喜得梅花扑鼻香"的愉悦与幸福。

我做事不喜欢复制粘贴,而是要不断突破,常常为一个细节而反复推敲,为一个问题而再三研究,为一个调整而反复打磨,为一个决策而左右思量,因此,总是能够感受突破与创新的力量,新鲜与生成的喜悦。

我对人有一种天然的敏感,对场域能量有敏锐的洞察,自身有良好的语言功底,所以在工作中,我不知道为什么有人会很惧怕我,也有人会主动靠近我,我能做到的就是去观察和思索,我激发起别人的正能量,当美好的、温和的、力量的、智慧的现象越多,我知道,我和周边的人就能更多地感受到温暖和光亮。

当然,我也有力量不足的时候,我接纳它也是我的一部分。当我开始允许自己可以不完美时,我发现,我获得了更多的关注与支持。

还有,我爱游泳、瑜伽、健身,会在一天工作之余来到健身房,重拾活力与激情;我爱美食,会做的不多,但是很讲究,荤素营养,食色香味,都不含糊;我爱音乐,尤其是轻音乐,生活工作都喜欢有它相伴,当灵感随音乐汩汩流出时,那种感觉很美妙;我爱旅行,寄情山水间,享受大自然的馈赠……

我就是如此的我,爱己、爱人、爱家、爱校,爱让我对这个世界永葆好奇!